Sicher ist sicher. Bei aller Sorgfalt, die wir in der Recherche haben walten lassen, können sich Öffnungszeiten auch einmal kurzfristig ändern, oder ein Lokal ist gerade in Ihrer perfekten Andalusien-Woche ausgebucht oder geschlossen. Darum empfehlen wir, grundsätzlich möglichst weit im Voraus zu reservieren. Ein kurzer Anruf genügt, und Sie können sicher sein, zur vereinbarten Zeit einen Platz zu finden.

für die Süddeutsche Zeitung Edition
in Kooperation mit smart-travelling print UG, Berlin
Reihe „Eine perfekte Woche ..."

Konzept und Redaktion: Nancy Bachmann, Nicola Bramigk
Projektleitung: Sabine Sternagel
Texte: Sabine Danek
Fotos: Nicola Bramigk
Lektorat: Gesina Happe
Reinzeichnung: Vera Warter
Gestaltung und Illustration: Tanja Riccius, Rahel Streiff
Herstellung: Thekla Licht, Hermann Weixler
Druck und Bindung: Kessler Druck + Medien, Bobingen

1. Auflage 2014

ISBN: 978-3-86615-157-0

SMART
TRAVELLING

EINE PERFEKTE WOCHE ...
IN ANDALUSIEN

www.smart-travelling.net

LIEBLINGSADRESSEN IN ANDALUSIEN

MÁLAGA UND GRANADA

Seite 13

1 Aktion:
Stadtbummel in Málaga
Seite 15

2 Restaurant:
El Tintero
Playa del Dedo s/n, 29018 Málaga
Tel: 0034 952 206826
Seite 25

3 Hotel:
Cortijo del Marqués
Camino del Marqués s/n,
18220 Albolote (Granada)
Tel: 0034 958 340077
Seite 31

4 Aktion:
Alhambra
Calle Real de la Alhambra s/n,
18009 Granada
Tel: 0034 902 441221
Seite 39

5 Restaurant:
Las Tomasas
Carril de San Augustín, 4,
18010 Granada
Tel: 0034 958 224108
Seite 43

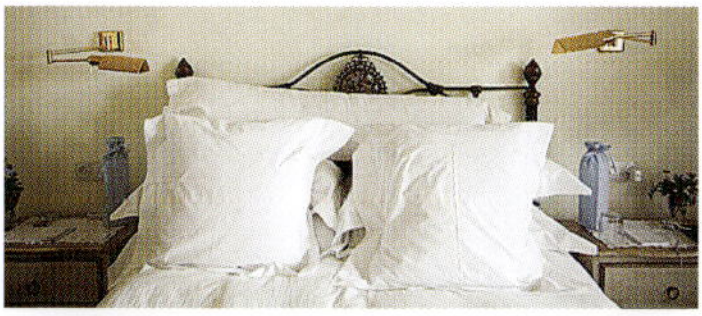

LIEBLINGSADRESSEN IN ANDALUSIEN

11 Restaurant:
Bodegas Campos
Calle de los Lineros, 32, 14002 Córdoba
Tel: 0034 957 497500
Seite 77

12 Restaurant:
Taberna Salinas
Calle Tundidores, 3, 14002 Córdoba
Tel: 0034 957 480135
Seite 85

13 Hotel:
Casa de los Azulejos
Calle Fernando Colón, 5, 14002 Córdoba
Tel: 0034 957 470000
Seite 91

14 Aktion:
Mezquita-Catedral de Córdoba
Calle del Cardenal Herrero, 1, 14003 Córdoba
Tel: 0034 957 470512
Seite 95

15 Hotel:
Corral del Rey
Calle Corral del Rey, 12, 41004 Sevilla
Tel: 0034 954 227116
Seite 99

16 Bar:
El Rinconcillo
Calle Gerona, 40, 41003 Sevilla
Tel: 0034 954 223183
Seite 105

LIEBLINGSADRESSEN IN ANDALUSIEN

17 Restaurant:
El Gallinero de Sandra
Calle del Esperanza Elena Caro, 2,
41002 Sevilla
Tel: 0034 954 909931
Seite 111

18 Bar:
Casa Moreno
Gamazo, 7, 41001 Sevilla
Tel: 0034 954 228315
Seite 117

19 Aktion:
Bazar Victoria
Calle Entrecárceles, 1 und 3,
41001 Sevilla
Seite 125

RONDA UND DIE COSTA DE LA LUZ

Seite 133

20 Hotel:
Casa la Siesta
Los Parralejos s/n,
11150 Vejer de la Frontera, Cádiz
Tel: 0034 956 232003
Seite 135

21 Hotel:
Siete Balcones
Calle Eduardo Shelly, 7,
11150 Vejer de la Frontera, Cádiz
Tel: 0034 956 447732
Seite 143

22 Restaurant:
Restaurante Patría
Calle Patría, 48, La Muela,
11150 Vejer de la Frontera, Cádiz
Tel: 0034 956 448463
Seite 149

23 Restaurant:
La Castillería
Pago de Sta Lucía s/n,
11158 Santa Lucía, Cádiz
Tel: 0034 956 451497
Seite 157

24 Restaurant:
El Faro de Cádiz
Calle San Félix, 15, 11002 Cádiz
Tel: 0034 956 211068
Seite 161

25 Restaurant:
Freiduría Las Flores
Plaza de Topete, 4, 11001 Cádiz
Tel: 0034 956 226112
Seite 167

26 Hotel:
Finca Naranja
Peña Cerrada, 42, Ronda la Vieja,
29400 Ronda
Tel: 0034 952 870476
Seite 171

27 Restaurant:
De Locos
Arquitecto Pons Sorolla, 7,
29400 Ronda
Tel: 0034 605 768408
Seite 179

Weitere Adressen finden Sie unter www.smart-travelling.net

28 Café:
Café La Fuente
Plaza de España, 8, 29400 Ronda
Tel: 0034 952 877558
Seite 185

29 Hotel:
Hotel Misiana
Calle Sancho IV El Bravo, 16,
11380 Tarifa
Tel: 0034 956 627083
Seite 191

30 Bar:
delicatessen
Plaza de Oviedo, 3, 11380 Tarifa
Tel: 0034 956 682908
Seite 195

31 Hotel:
Hotel Claude
Calle San Francico, 5, 29601 Marbella
Tel: 0034 952 900840
Seite 199

GUT ZU WISSEN
Tipps, Ausflüge,
Spaziergänge
Seiten 209 – 240

SOMBREROS

ORIENTALISCHER ZAUBER UND WILDE NATUR

Hochkultur und tosendes Meer, friedliche Olivenhaine, pulsierende Metropolen, und dazu jede Menge Natur: Andalusien ist so abwechslungsreich, wie man es selten findet – und tief geprägt durch die Mauren, die auf der Iberischen Halbinsel fast 800 Jahre regierten. Von 710 bis 1492 verwandelten sie die Region in einen blühenden Landstrich, in dem Oliven, Zitrusfrüchte, Mandeln und Wein kultiviert wurden, Philosophie praktiziert, die Astronomie vorangetrieben, geforscht und gelehrt wurde. Die Mauren schufen ein Bewässerungssystem, legten Paradiesgärten an und errichteten Bauwerke, durch die bis heute der Zauber von Tausendundeinernacht weht.

Während über Granada die hochherrschaftliche Alhambra thront, kann man in Córdoba die Mezquita bewundern. In Sevilla hingegen tobt das Leben und bietet moderne Architektur-ikonen wie den spektakulären Metropol Parasol von Jürgen Mayer H.

An Andalusiens Westzipfel leuchten strahlend weiß Cádiz und Tarifa. Von dem Städtchen, das die Schnittstelle zwischen Europa und Afrika ist, kann man bis zu den Gebirgskulissen Marokkos blicken, und zudem ist es heute auch einer der Hotspots für Surfer. Locos por el viento, die nach dem Wind Verrückten, werden sie hier genannt.

Man kann die unterschiedlichsten Dinge unternehmen, die Kultur erkunden, sich durch Tapas-Bars treiben lassen, die Hitze genießen und das rege Leben am Abend. Und möchte man einfach die Stille genießen, zieht man sich in Naturparks wie den Cabo de Gata-Níjar zurück oder in die Sierra Nevada, auf deren Gipfeln das ganze Jahr über Schnee liegt.

PEDRO XIMEN

MÁLAGA UND GRANADA

Die andalusische Küstenstadt Málaga ist ein perfekter Ausgangspunkt für eine Reise durch die Region. Die Provinz Málaga grenzt im Südwesten an Cádiz, im Nordwesten an Sevilla, im Norden an Córdoba und im Osten an Granada. Marbella ist eine halbe Stunde entfernt, Granada gerade mal 90 Minuten, und schon der Weg dorthin stimmt einen auf das ein, was Andalusien so besonders macht. Plätschert an der Costa del Sól das Mittelmeer, ist das Landesinnere von Gebirgszügen durchzogen. Bald schon öffnet sich der Blick auf die Landschaft, ragen die ersten Berge und schönste Felsformationen auf. Gleich fünf Naturparks liegen in der Provinz Málaga, durchzogen von Flusstälern, und man sieht die ersten Schilder, die zu den mehr als 200 Bodegas, den Wein- und Sherrykellereien der Gegend, führen.

Die Verbindung zwischen Málaga und Granada ist so beliebt, dass im Halbstundentakt Busse verkehren. Am besten aber macht man sich selbst auf den Weg. Schöne Zwischenstopps gibt es genug. Hält man sich Richtung Norden, kommt man an dem charmanten altrömischen Städtchen Antequera vorbei. „Herz von Andalusien“ wird es genannt, weil es von dort aus in alle wichtigen Städte der Region geht. Während die Stadt selbst berühmt für ihre zahlreichen Kirchen und Baudenkmäler ist, thront im Hintergrund der beeindruckend geformte Peña de los Enamorados, der Berg der Liebenden, auf dem sich die andalusische Version von „Romeo und Julia“ zugetragen haben soll. Wegen ihrer verbotenen Liebe verfolgt, sollen sich dort die maurische Hauptmannstochter Tagzona und der junge Christ Tello gemeinsam in den Tod gestürzt haben.

STADTBUMMEL IN MÁLAGA

Die Provinzhauptstadt mit über 500.000 Einwohnern hat nicht unbedingt den besten Ruf. Zu klein, um eine spannende Metropole zu sein, und zu groß, um für Idylle zu sorgen, ist sie dazu touristischer Dreh- und Angelpunkt. Dennoch gibt es einiges zu erkunden. Die imposante Palastanlage Alcazaba zum Beispiel (Calle Alcazabilla), die von den Mauren im 11. Jahrhundert erbaut wurde und von deren Gärten aus man einen weiten und schönen Blick auf die Stadt hat. Oder die Catedral de la Encarnación, die Kathedrale, die nahe beim Hafen in der Innenstadt liegt (Calle Molina Lario, 9) und 1528 von den christlichen Eroberern über eine maurische Moschee gebaut wurde. Von den Einheimischen wird sie La Manquita, die Einarmige, genannt, weil ihr zweiter Turm nie vollendet wurde. Weltlichen Freuden kann man in der berühmten Einkaufsstraße Calle Marqués Larios nachgehen, benannt nach dem Marqués de Larios, der sie im 19. Jahrhundert bebauen ließ. Man kann gar nicht zählen, wie viele Schuhgeschäfte es hier gibt, dazu Boutiquen und Cafés. Es ist eine Lieblingsbeschäftigung der Einheimischen, sich hier bei einem Café con leche zurückzulehnen und das rege Treiben zu beobachten. Ganz am Puls der Zeit ist auch das Centro de Arte Contemporáneo Malága, die Ausstellungshalle für moderne Kunst (Calle Alemania), die in Soho de Málaga liegt. Neben einer Sammlung moderner Kunst werden in Sonderschauen junge spanische Künstler vorgestellt. An jedem dritten Sonntag des Monats findet hier auch ein Markt statt, auf dem Künstler und Designer ihre Arbeiten anbieten.

PELUQUERIA
COMPRO ORO
952 22 88 48

☞ Museo Picasso

Pablo Picasso (1881–1973), der in Málaga geboren wurde, ist der berühmteste Sohn der Stadt. Seit 2003 präsentiert das Museo Picasso Werke von ihm, die aus einer Erbenschenkung stammen. Untergebracht ist die Sammlung im Palacio de los Condes de Buenavista, einem fast 500 Jahre alten Bauwerk, dessen moderne Erweiterung preisgekrönt ist. 204 seiner Arbeiten sind ausgestellt, neben Gemälden auch Skulpturen und Keramiken. Ganz in der Nähe des Museums, an der Plaza de la Merced, 15, liegt das Geburtshaus Picassos, das heute Sitz der Fundación Picasso ist und besichtigt werden kann.

Adresse: Palacio de Buenavista, Calle San Agustín, 8
Tel: 0034 902 443377, Internet: www.museopicassomalaga.org
Öffnungszeiten: Dienstag – Donnerstag 10.00 – 20.00 Uhr,
Freitag und Samstag 10.00 – 21.00 Uhr, Sonntag 10.00 – 20.00 Uhr

☞ La Campana

Mitten im Zentrum und um die Ecke vom Museo Picasso liegt diese kleine und sehr beliebte Tapas-Bar, die zur Mittagszeit regelmäßig aus den Nähten platzt. Vor allem Einheimische genießen hier die tollen Fischspieße mit Aioli, rohe Muscheln und dazu gerne zum Lunch auch schon mal ein Glas Wein. Draußen unter der bunten Markise und auf den hohen Hockern kann man das Treiben auf der Calle Granada beobachten. Als Stammgast aber sitzt man auf jeden Fall drinnen um die Bar herum, an der ein reger Austausch mit den Kellnern gepflegt wird.

Adresse: Calle Granada, 35, 29015 Málaga
Tel: 0034 952 219202
Öffnungszeiten: Montag – Samstag 12.30 – 16.00 Uhr, 20.00 – 24.00 Uhr, Sonntag 12.00 – 16.00 Uhr

☞ Antiqua Casa la Guardia

Die älteste Bar Málagas ist von 1840 und ein langer schmaler Schlauch. Nahezu genauso lang ist auch die alte hölzerne Theke, die förmlich Historie atmet. Hinterm Tresen stapeln sich die Sherryfässer, und es sieht wie ein Kunststückchen aus, wenn die zahlreichen Kellner geschickt und pfeilschnell gleich mehrere Gläser befüllen. In schlichten Gläsern wird das Nationalgetränk serviert und der Preis schnell mit Kreide auf der Theke notiert. Ganz basic ist es hier, es wird sich ganz auf den Sherry konzentriert – und auf die Freunde des Hauses, deren Bilder stolz auf den Fässern stehen, von Picasso bis hin zu ehemaligen Kellnern.

Adresse: Alameda Principal, 18, 29005 Málaga
Tel: 0034 952 214680, Internet: www.antiguacasadeguardia.net
Öffnungszeiten: Montag – Donnerstag 9.00 – 22.00 Uhr,
Freitag und Samstag 10.00 – 22.00 Uhr, Sonntag geschlossen

☞ Casa Mira

Die Eis- und Horchata-Bar ist ein Klassiker aus dem alten Málaga. Seit 1890 werden hier Eis, Turrones, Nougatkonfekt, und Horchata hergestellt und verkauft. Die selbst gemachte Horchata, eine gehaltvolle und leicht süßliche Erdmandelmilch, ist betörend gut. Die Heladería selbst lädt nicht gerade zum Bleiben ein. Man holt sich seine Sachen to go und isst sie wie die Omas, die wirken, als seien sie schon seit Jahrzehnten Stammgäste der Casa Mira, an einem Plätzchen an der Straße.

Adresse: Calle Larios, 5, 29015 Málaga
Tel: 0034 952 212422
Öffnungszeiten: Montag – Donnerstag 10.30 – 1.00 Uhr,
Freitag – Sonntag 10.30 – 1.30 Uhr

A HOSTELERÍA

EL TINTERO

Man darf sich einfach nicht abschrecken lassen. Nicht von den blauen Plastikstühlen, den Papiertischdecken und Plastikmarkisen, dem Trubel und der imposanten Größe dieses Fisch-Grills. Etwas außerhalb von Málaga und östlich Richtung Rincón de la Victoria liegt er unmittelbar an der Strandpromenade. Vom Parkplatz aus führt der Weg an den Fischvitrinen vorbei, in denen schon mal präsentiert wird, was einen erwartet: der frische Fang des Tages, der, mit einem kleinen Umweg über den Grill, direkt vom Meer auf dem Teller landet. Der Umschlag ist enorm und dementsprechend auch die Frische des Fischs. Zur Mittagszeit sind die unzähligen Tische unter dem Strohdach eng an eng besetzt, mit vielen Familien, Einheimischen, Strandgästen, und der Lärmpegel ist, milde gesagt, beeindruckend. Der Fisch aber eben auch. Der meiste kommt fangfrisch aus der Bucht. Manche Spezialität aber wird importiert. Fragen Sie am besten nach, wenn Sie etwas Außergewöhnliches wollen – oder halten Sie sich an das, was im El Tintero am besten ist. Dazu gehören die Meeresfrüchte und vor allem die Boquerones al tintero, kleine gegrillte Sardinen, die es nirgendwo besser gibt. Das Geheimnis der frischen Köstlichkeit: Hier kommt die Zitrone, die man sonst über die leicht panierten und gegrillten Sardinen träufelt, bereits in den Teig.

2 El Tintero Adresse: Playa del Dedo s/n, 29018 Málaga
Tel: 0034 952 206826 Internet: www.restauranteeltintero.com
Öffnungszeiten: Täglich 12.30 – 1.30 Uhr

CORTIJO DEL MARQUÉS

Der Weg in das Landhotel führt durch Olivenhaine hinein in die schönste Abgeschiedenheit. Einst war das Anwesen ein Frauenkloster, im 17. Jahrhundert siedelte sich hier ein Marqués mit 30 Familien an – und heute ist es ein Hideaway, in dem die Österreicherin Silvia Roth-Bruggers ihre Gäste umsorgt.
Nur 30 Autominuten von Granada entfernt, ist man hier in einer anderen Welt, in der in schattigen Innenhöfen Brunnen plätschern und Kräuter duften. Die Namen der zehn Zimmer und Suiten erzählen, wie sie sind, „La Iglesia", weiß und erhaben, oder „El Palomar", der Taubenschlag, zu dem eine alte Treppe hoch hinauf führt, in einen kathedralenhaften Raum, in dem die steinernen Nistplätze heute als Paravents dienen, die das romantische Eisenbett von dem Wohnraum und dem offenen Bad abtrennen. Alles ist ausgesucht eingerichtet, schlicht und völlig kitschfrei. Die Gäste kommen aus aller Welt, morgens frühstückt man im ehemaligen Pferdestall, und abends wird hier mediterrane Küche serviert – mit Zucchini, Paprika und Tomaten aus dem eigenen Biogarten, Fleisch und Fisch. Herrlich erfrischend die Melonensuppe, kalt und weiß wegen der hineingerührten Sahne, köstlich der Kabeljau mit Aioli-Kruste, und dazu gibt es den leichten feinen Weißwein Mencal 2012 aus der Region. Den kann man auch auf der Terrasse genießen, denn auf über 800 Metern gelegen, wird es hier selbst an heißen Tagen abends angenehm.

3 Cortijo del Marqués Adresse: Camino del Marqués s/n,
A44 – Ausfahrt 108, 18220 Albolote (Granada)
Tel: 0034 958 340077 Internet: www.cortijodelmarques.com
Preise: DZ ab 90 Euro inkl. Frühstück

Ein Gespräch mit Silvia Roth-Bruggers

Besitzerin des Cortijo del Marqués

Kommen Sie aus der Hotelbranche?

Nein, ganz und gar nicht. Ich war in der Computerbranche, mein Mann ist Banker. Wir haben den Cortijo zufällig entdeckt, als wir noch in Madrid wohnten und auf der Suche nach einem Wochenendhaus waren – und plötzlich hatten wir dieses Anwesen. Es kam zu uns.

Und dann haben Sie es in ein Hotel verwandelt?

Es war schon zuvor eines, lag aber seit Jahren in einem Dornröschenschlaf. Wir haben zwar keine Erfahrung im Hotelbereich, aber jede Menge Leidenschaft. Und was ganz wichtig ist: Wir verstehen die Mentalität der Gäste, denn sie ist unserer sehr ähnlich.

Wie sind Sie selbst nach Spanien gekommen?

Auf vielen Umwegen. Ich bin eigentlich aus Graz, habe meinen Mann, der Holländer ist, in Prag kennengelernt, wir haben in Amsterdam und Hongkong gelebt, und unsere Kinder sind in Madrid zur Welt gekommen.

Die Einrichtung ist sehr besonders. Haben Sie da Hand angelegt?

Ich will mich nicht mit fremden Federn schmücken, denn wir mögen es authentisch und haben vieles deshalb beibehalten. Auf eine Art sind wir da sehr konservativ und wollen Dinge, die schön sind, nicht mit Modernem stören. Auch bin ich eher minimalistisch, das ist mein Geschmack.

Was machen Ihre Gäste am liebsten?

Am Vormittag fahren viele nach Granada, an den Strand oder in die Sierra Nevada. Dann kommen sie zurück und relaxen am Pool, dem wohl einzigen, der an eine Kapelle grenzt. Es gibt den ganzen Tag Tapas, kein Fernsehen und Wi-Fi nur auf Anfrage, die Gäste genießen diese Auszeit sehr.

ALHAMBRA

Die weltberühmte Burganlage ist die Attraktion in Granada, dementsprechend voll, durchorganisiert und touristisch. Kommen Sie am besten frühmorgens, um den Königspalast der Nasriden mit seinen spektakulären Innenhöfen zu besuchen. Ab 1238 erbaut, sind sie ein Meisterwerk maurischer Kunst und gleichzeitig auch der Schlusspunkt der islamischen Kultur in Spanien. 260 Jahre regierten die Nasriden hier, feierten Kunst und Wissenschaft, bevor die katholische Königin Isabella die Macht übernahm. Betörend schön sind die filigranen Ornamente aus Alabastergips, die sich an den Wänden entlangziehen, die Laubengänge schmücken, die schlanken Säulen, die sich in prachtvolle Stalaktitenkuppeln verwandeln. Besonders beeindruckend ist das beim berühmten Löwenhof zu sehen. Oft treffen die rötlich-sandsteinfarbenen Ornamente auch auf Mosaike, die aus bunten, geometrisch gestalteten Kacheln bestehen. Im Zusammenspiel mit den Gärten, deren Wasserläufe plätschern und kühlen, wurde die Alhambra als Sinnbild des Paradieses angelegt, und das können auch die Touristenmassen nicht zerstören. Am schönsten ist es dennoch, sich die Anlage auf eigene Faust anzuschauen. Hinter dem Souvenirshop stehen Ticketautomaten, an denen man mit Kreditkarte bezahlt und wo es in der Regel keine Schlangen gibt.

4 Alhambra Adresse: Calle Real de la Alhambra s/n, 18009 Granada
Tel: 0034 902 441221 Internet: www.alhambra-patronato.es
Öffnungszeiten: 15. März – 14. Oktober: Täglich 8.30 – 20.00 Uhr, Freitag und Samstag auch 22.00 – 23.30 Uhr, 15. Oktober – 14. März: Täglich 8.30 – 18.00 Uhr, Freitag und Samstag auch 20.00 – 21.30 Uhr

LAS
TOMASAS
RESTAURANTE
Los Arrayanes

LAS TOMASAS

Lassen Sie sich von einem Taxi durch die engen Gassen des arabischen Viertels Albaicín zu diesem Restaurant hochfahren, das ruhig in einer Seitenstraße liegt und einen wunderschönen Blick auf die Alhambra bietet. Versteckt sind dessen Terrassen hinter einer dunkelgrünen, immer verschlossenen Tür, an der man klingeln muss. El Carmen nennt man diese Art historischer Wohnhäuser mit ihren großzügigen Gärten, die, abgeschlossen von der Straße, für größtmögliche Privatheit sorgen. Man kann auch drinnen sitzen, aber die Sommerterrassen sind das unbedingte Muss. Zu ihnen geht es einige Treppen hinunter, und man blickt über das Viertel hin zu der roten Burganlage, die direkt gegenüberliegt, über die Palastgärten bis hin zur Sierra Nevada. Seit mehr als 25 Jahren ist das Restaurant in Familienbesitz der Valverdes, der Sohn Joaquín Camacho führt es mit seiner Mutter Cristina. Es gibt köstliche Gazpacho mit einer durchaus ordentlichen Portion Knoblauch, Jakobsmuscheln und selbst gemachte Fischkroketten, Ziegenkäse mit Tomatenmarmelade, Gemüserisotto und Thunfischtatar und viele andere Fischgerichte, Lamm, Steaks und Rabo de toro, den traditionellen andalusischen Ochsenschwanz, der geschmort wird. Hat man unter den großen Sonnensegeln Ausblick und Essen ausgiebig genossen, ist es schön, anschließend durch die kleinen Gassen hinunter zur Plaza de Santa Ana im Zentrum der Stadt zu gehen.

5 Las Tomasas Adresse: Carril de San Augustín, 4, 18010 Granada
Tel: 0034 958 224108 Internet: www.lastomasas.com Öffnungszeiten:
Juni – Oktober: Dienstag – Samstag 20.30 – 24.00 Uhr, Oktober – Juni:
Dienstag abends – Sonntag mittags 13.30 – 16.00 Uhr und 20.00 – 23.30 Uhr

MARISQUERÍA CUNINI

Hier geht es seit 1953 rund. Die Atmosphäre wird bestimmt vom Stimmengewirr der zahlreichen Einheimischen, die sich an einer langen geschwungenen Marmortheke, über die unaufhörlich die verschiedensten Tapas wandern, gekonnt aneinanderquetschen. Schräg stehen sie an der Bar und trinken zu den Häppchen kleine, frisch gezapfte Biere. Als Gruß des Hauses gibt es köstliche Berenjenas, hauchdünn geschnittene, frittierte Auberginen. Die Boquerones fritos, frisch frittierte Sardellen mit Zitrone, sind saftig, und die Portion ist, weit entfernt von einem Häppchen, üppig. Man kann sie sich teilen oder gut auch eine halbe Portion bestellen, was kein Problem ist. Frische Tomaten, die einfach in Spalten geschnitten sind, kommen ohne Beiwerk, aber mit einer so köstlichen Vinaigrette aus Olivenöl, Zitrone, Knoblauch und Petersilie, dass man unbedingt das kross gebackene Weißbrot hineintunken muss. Das Cunini rühmt sich, gleich mehrere Dutzend Fischgerichte auf der Karte zu haben, alle knackfrisch, es gibt Kartoffelsalat mit Gambas, gedünstete Rankenfußkrebse, frittierte Meeräsche, aber auch iberischen Schinken und Rabo del toro, geschmorten, andalusischen Ochsenschwanz. Am Abend nehmen manche an der Bar nur einen Aperitif und ein erstes Häppchen und ziehen dann in das Restaurant um, das direkt dahinter liegt, oder warten auf einen der Tische auf der Plaza. Der Place To Be aber ist an der Theke selbst, an der man, wie es sich gehört, die Tapas im Stehen isst.

6 Marisquería Cunini Adresse: Plaza de Pescadería, 14, 18001 Granada
Tel: 0034 958 250777 Internet: www.marisqueriacunini.es
Öffnungszeiten: Täglich 12.30 – 16.00 Uhr und 20.30 – 24.00 Uhr

zcampo
SIN

☞ La Trastienda

Über der Verkaufstheke am Eingang baumeln Bellota-Schinken, Chorizos und andere Würste, Käse und Patés liegen in den schönen alten Regalen, Holzbrettchen sind dort aufgereiht, in die sich die jahrzehntelange Benutzung eingeschrieben hat. Will man in die Bar, muss man sich rechts an der Theke vorbeischieben, in den schummerig schönen Raum, der dahinterliegt, mit bunten Kacheln im maurischen Stil, kleinen Tischen und geflochtenen Hockern. Seit 1836 werden im Trastienda Spezialitäten verkauft und Tapas serviert, besonders gut sind die Patés, Würste und Käse. Oft stehen zwei alte Damen in dem Lädchen, während ihr kleines Hündchen vor der Tür posiert. Man kann auch an ein paar Tischen draußen sitzen – und tagsüber, wenn es sonnig ist, ist das eigentlich besser. Das atmosphärische Hinterzimmer ist eher am Abend schön.

Adresse: Calle Cuchilleros, 11, 18009 Granada
Tel: 0034 958 226965, Internet: www.latrastiendagranada.com
Öffnungszeiten: Juni – September: 20.00 – 1.30 Uhr,
Oktober – Juni: 19.30 – 1.00 Uhr

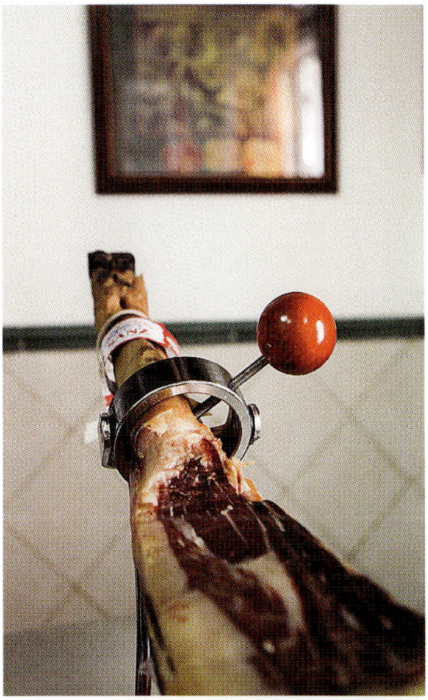

VAN BERKEL'S PATENT
Berkel

CAFE

SEVILLA, CÓRDOBA UND DIE SIERRA NORTE

Hier liegen quirliges Stadtleben, schönste Architektur und spektakuläre Landschaften ganz nah beieinander. Während die Sierra Norte, ein Gebirge mit bis zu 960 Metern Höhe und zahlreichen Steineichenwäldern, in denen die berühmten Ibérico-Schweine leben, schönste Abgeschiedenheit bietet, ist man aber genauso schnell auch in der Stadt. In Sevilla, der umtriebigsten Metropole Andalusiens, herrscht Ausgehfieber. Zahlreiche Bars, Cafés und Restaurants säumen die Straßen und Plätze, und die Gäste quellen regelmäßig auf die Bürgersteige hinaus. Gerade um Jürgen Meyer H.s spektakulären Metropol Parasol herum, einer Holzarchitektur, die von den Einwohnern nur Pilz genannt wird, kann man sich durch die belebten Gassen treiben lassen. Auch rund um die berühmte Kathedrale Santa María de la Sede herum finden sich viele Cafés und Restaurants. Man kann durch den wunderschönen Parque de María Luisa flanieren und die vielen Alleen entlang.

Knappe 150 Kilometer entfernt liegt Córdoba mit der beeindruckenden Mezquita, diesem Zwitterwesen zwischen Kathedrale und Moschee und seinen 856 Säulen. Selbst um diesen Touristen-Hotspot herum geht es überraschend entspannt zu. Man kann alles zu Fuß machen, durch die Gassen des alten jüdischen Viertels Judaria streifen, durch die zahlreichen Tapas-Bars und über die vielen grünen Plätze der Altstadt. Am schönsten ist das im späten Frühling und frühen Sommer, wenn die Blumen auf den Plätzen und in den Patios in voller Blüte stehen.

TRASIERRA

Diesen Ort findet man nur, wenn man weiß, wo man abbiegen muss. Und genauso möchte Charlotte Scott es auch, eine britische Designerin, die vor mehr als 35 Jahren London hinter sich gelassen hat, um mit ihrem Mann und ihren vier Kindern mitten ins Nirgendwo zu ziehen. In ein Anwesen aus dem 16. Jahrhundert, umgeben von Orangenplantagen und Weinstöcken, die sie nach und nach in ein Hideaway mit rauschenden Palmen verwandelt hat, mit Wein, der über die Terrassen rankt, und riesigen Lavendelbüschen, durch die man sich zu seinem Zimmer schlängelt. 20 sind über das Gelände verteilt, alle von außen zugänglich, mit britisch-plüschigem Interieur, das auf mediterrane Luftigkeit trifft, und manche mit kleinen Terrassen davor, auf denen einem auch gerne das Dinner serviert wird. Lichterketten hängen in den Bäumen, und unzählige Kerzen flackern jeden Abend auf den Tischen und an den Wegen. Man merkt, dass der Ort langsam gewachsen ist, in allem steckt viel Seele, er ist lässig und gelebt, und man fühlt sich, als sei man bei Freunden zu Hause. In der ehemaligen Kapelle werden Filmabende veranstaltet, und möchte man abends noch ein paar Drinks nehmen, notiert man einfach, was man hatte. Sagt man morgens Bescheid, kann man abends hier essen. Gekauft wird, was es jeweils frisch auf dem Markt gibt, was in den eigenen Beeten reif ist, und gekocht wird nach Rezepten von Charlottes Tochter Gioconda, einer bekannten Köchin, die Rezepte aus der ganzen Welt in die Trasierra nahe Sevilla bringt.

7 Trasierra Adresse: Cazalla de la Sierra, 41370 Sevilla
Tel: 0034 954 884324 Internet: www.trasierra.eu
Preise: ab 100 Euro inkl. Frühstück

FINCA BUENVINO

Inmitten eines alten Weinanbaugebiets haben Jeannie und Sam sich ihren Traum erfüllt. 30 Jahre ist das her, als sie zum ersten Mal nach Huelva kamen und begannen, ihr eigenes Haus zu bauen – mit fantastischen Blicken auf den Nationalpark Aracena und die Extremadura. Bei ihnen wohnt man wie in einer Familie, verschmitzten britischen Humor und Herzlichkeit inklusive. Vier Zimmer gibt es, verwinkelt und eigensinnig schön, mit kleinen Sitzecken, unzähligen Büchern, und im Winter kann man es sich auch an dem großen Kamin gemütlich machen, in dem Sam regelmäßig Kastanien röstet, dazu gibt es Sherry aus einem großen Fass. Im Sommer sitzt man im rosaroten Innenhof der Finca oder entspannt an dem großen Pool, der ein paar Schritte den Berg hinauf spektakuläre Blicke auf die Landschaft bietet. Es gehören auch drei abgelegene Cottages mit Selbstversorgung zum Anwesen, bedienen kann man sich im großen Biogemüsegarten. Aber eigentlich sollte man sich die Küche von Jeannie nicht entgehen lassen. Ganz frisch, mit selbst gebackenem Biobrot, glasierten Auberginen, gebratenen Paprikas, dem köstlichen Huhn mit Kurkuma oder dem iberischen Schwein vom eigenen Hof. Keine Überraschung, dass bald ihr erstes Kochbuch erscheint. Und dann das Setting: Gegessen wird im Hof der Finca oder auf der kunterbunten Küchenterrasse, auf der das Licht, das durch das Laubdach fällt, über den türkisen Tisch, die gelben Stühle und über die rosafarbenen Mauern tanzt.

8 Finca Buenvino Adresse: Los Marines, 21208 Huelva
Tel: 0034 959 12 40 34 Internet: www.fincabuenvino.com
Preise: DZ ab 100 Euro inkl. Frühstück

Tumeric-Huhn

Für 4–6 Personen

- 6 Hühnerbrüste
- 6 EL Mehl
- 4 EL Kurkuma
- Salz & Pfeffer
- 1 Handvoll Sesamsamen
- Olivenöl

Das Fleisch von den Knochen entfernen und die Hühnerbrüste in dünne Filets schneiden.
Auf einem Teller Mehl und Kurkuma mit etwas Salz und Pfeffer vermengen. Die Sesamsamen auf einem weiteren Teller bereitstellen.
Die Filets von beiden Seiten zunächst im Mehl-Kurkuma-Mix und anschließend in den Sesamsamen wälzen, bis sie an beiden Seiten haften bleiben.
Die Filets in reichlich Olivenöl so lange braten, bis sie goldbraun sind – und achten Sie darauf, dass das leuchtend gelbe Kurkuma-Öl nicht an Ihre Kleidung kommt.

Die Filets aus der Pfanne nehmen und auf ein Küchenpapier legen, um das Öl etwas aufzusaugen.

Ein grüner Salat passt sehr gut zu den Filets, die ihren Namen Romería, Wallfahrt, tragen, weil man sie nicht nur warm, sondern auch kalt – unterwegs oder bei einem Picknick – essen kann.

JAMONES EÍRIZ

Die Fleischerei Eíriz ist ein Traditionsbetrieb. 1818 kaufte Domingo Eíriz Dieguez von dem Geld, das er sich im Bergbau erschuftet hatte, ein Stück Land, baute eine traditionelle Schweinezucht auf und eine Fleischerei. Bis heute ist der Betrieb in Familienhand, in vierter Generation führt Domingo Eíriz Martín ihn in einer kleinen ruhigen Seitenstraße des Örtchens Corteconcepcíon und erhielt in den letzten Jahren weltweit zahlreiche Preise für seinen Jamón Ibérico. Das Fleisch stammt von reinrassigen iberischen Schweinen, die im Nationalpark Sierra de Aracena auf den hauseigenen Weiden grasen und Eicheln futtern. Von ihnen stammt der Jamón Ibérico de Bellota, der, wie Olivenöl, einen hohen Prozentsatz ungesättigter Fettsäuren enthält und dunkler, würziger sowie auch wesentlich fetter als andere Schinken ist. Bezeichnend ist, dass die Keule immer im Ganzen und samt Eisbeinstück und Klaue verarbeitet wird. Während seiner langen Reifezeit, die zwischen 12 und 38 Monaten beträgt, wird er regelmäßig mit Salz eingerieben. Bei Eíriz hängen die Keulen direkt über dem Verkauf in kühlen Räumen, die man besichtigen kann. Allerdings ist das nichts für schwache Nasen, denn der Geruch, der sich bei den zahlreichen Keulen potenziert, ist stark. Sehr interessant ist es, mit Domingo eine Tour zu machen, hinaus auf die Weiden, in die Verarbeitung und anschließend zu einer Verkostung, zu der sich oft auch seine Mutter dazugesellt.

9 Jamones Eíriz Adresse: Calle Pablo Bejarano, 43,21209 Corteconcepción
Tel: 0034 959 120019 Internet: www.jamoneseiriz.es
Öffnungszeiten: Montag – Freitag 8.00 – 15.00 Uhr und 17.00 – 20.00 Uhr,
Samstag und Sonntag 10.00 – 14.00 Uhr

Morçon
7-08-13

CONSTANTINA

Eines der Städtchen, die sich ihren Charme bewahrt haben und in denen der Alltag abseits von Touristenströmen ganz gemächlich vor sich hinplätschert, ist Constantina. Es liegt in den Ausläufern der Sierra Morena, 85 Kilometer von Sevilla entfernt. Streifen Sie wie ein Local durch die Straßen, gesellen Sie sich zu den Einheimischen in der Bar Le Leon (Plaza Santa Ana, 14), die an einem plätschernden Brunnen liegt, und nehmen Sie dort ein kaltes Bier und kosten ein paar Gambas. Gleich nebenan ist ein traditionelles Geschäft mit Flamencobedarf, und dort fängt auch schon die kleine Fußgängerzone an. Besonders interessant ist die S.D. Caza y Pesca, ein Anglerclub, in dem man sich ebenfalls zu einem Bier niederlassen kann – entweder auf einem der Stühle zur Straße hin oder in den schweren Polstern und unter den Jagdgemälden innen. Auch wenn es dort auf den ersten Blick so wirkt, als sei er nur den Mitgliedern vorbehalten, sind Gäste willkommen. Geht man die Fußgängerzone vom Brunnen aus etwas hoch, stößt man schnell auf die Bäckerei Severino Rosa (Calle/Mesones, 48) mit ihren Madeleines, Kuchen und Keksen. Besonders lecker sind die Prestiños con miel. Das südspanische Gebäck, das ursprünglich zu Weihnachten genascht wurde, wird in Andalusien das ganze Jahr über gegessen. Die kleinen gedrehten Plätzchen werden in Olivenöl frittiert und mit Honig glasiert. Haben Sie noch Lust auf etwas Kultur, ist die Iglesia de la Encarnación sehr sehenswert. Sie liegt im Herzen des Maurenviertels Barrio de la Morería und ist im Stil islamischer Baukunst filigran verziert.

Cruzcampo
PHILIPS

BODEGAS CAMPOS

Für die Einheimischen ist diese Bodega einer der Orte der Stadt, und man sollte ihn sich nicht entgehen lassen. In einer kleinen Straße, nicht weit von der Mezquita entfernt, liegt das Restaurant mit seiner Tapas-Bar und seinen Wein- und Sherrykellern. Dicht an dicht steht man an der Theke, unter unzähligen Torero-Porträts und genießt die besten Tapas Córdobas. Die Mischung der Gäste ist bunt und durchaus auch elegant, die Atmosphäre lebendig und die Lautstärke hoch. Seit 1908 wandert hier bester Jamón Ibérico über den Tresen, Frituritas de la casa con salmorejo, kleine frittierte Fischchen mit pürierter Tomatensuppe, Patatas de cortijo con picadillo de chorizo, deftige Kartoffeln mit Wurst, und köstliches hausgemachtes Orangeneis, dazu werden beste Weine und Sherrys serviert. In der Bodega kann man sich verlieren. An die Bar schließt sich das Restaurant mit gleich mehreren Räumen an, dazu ein Deli, in dem Jamón Ibérico, Salamis, Öle und Käse verkauft werden, und hinten durch geht es in Katakomben voller Holzfässer, wo Weinproben stattfinden. Rustikal, gemütlich und sehr authentisch ist es hier und am schönsten in dem Gewirr vorne an der Bar. Man merkt, dass der Ort nach und nach gewachsen ist, unterschiedlichste Gemälde hängen hier dicht an dicht und zahlreiche Zeichnungen und Fotografien, die zeigen, wer im Laufe der Jahre schon alles zu Gast war, das spanische Königspaar inklusive.

11 Bodegas Campos Adresse: Calle de los Lineros, 32, 14002 Córdoba
Tel: 0034 957 497500 Internet: www.bodegascampos.com
Öffnungszeiten: Täglich 13.00 – 16.00 Uhr und 20.30 – 23.00 Uhr

HOMENAJE A "GUERRITA"
50 ANIVERSARIO DE SU MUERTE (21-II-1941 - 21-II-1991)
CIRCULO DE LA AMISTAD - SALA CESPEDES
Del 21 Febrero al 6 Marzo de 1991 - Córdoba

CAMPOS &
COVAP - Shop
BODEGAS CAMPOS

Orangeneis

Für 4 Personen

500 ml frisch gepresster Orangensaft
180 g Zucker
125 ml Wasser
2 TL Agar-Agar

Zucker mit Wasser vermischen, auf kleiner Flamme so lange rühren, bis sich der Zucker vollständig aufgelöst hat, anschließend einmal aufkochen lassen.
Den Orangensaft in das Zuckerwasser geben. Etwas Flüssigkeit abnehmen, um das Agar-Agar damit anzurühren, und wieder zum Orangen-Zuckerwasser geben. Gut durchrühren und abkühlen lassen.
Sobald die Flüssigkeit nicht mehr warm ist, für etwa 30 Minuten in der Eismaschine oder – dann etwas länger – im Eisschrank gefrieren lassen.

☞ La Bicicleta

Die Juice-Kultur ist noch nicht sehr verbreitet in Andalusien. Abseits von frisch gepresstem Orangensaft gibt es wenig, was das grüne Herz höherschlagen lässt. In Córdoba aber schließt diese kleine Bar die große Lücke. Pedro Pino betreibt sie mit seiner Schwester Ana, und sie ist nur wenige Minuten von der berühmten Mezquita-Moschee entfernt. Gejuiced wird alles, was man begehrt: Ananas, Melone, Orangen, Bananen, Tomaten mit jeder Menge Grünzeug – alles in Bioqualität. Das gibt es pur oder in der Kombination, die man gerne möchte. Innen, unter schicken grafischen Wandbemalungen, sind kleine Holztische aufgestellt, an denen auch Snacks wie Hummus, Tomatensalat, verschiedene Toasts und vor allem Käsespezialitäten serviert werden. Draußen sind alte Schubladen an die Hauswand geschraubt, auf denen man seine Drinks abstellen kann, zu denen auch ausgefuchste und mit Liebe gemixte Cocktails gehören. Dazu gibt es kleine Ausstellungen, Dichterlesungen – und jede Menge coole Cordobesen.

Adresse: Cardenal González, 1, 14003 Córdoba
Tel: 0034 666 544690
Internet: www.facebook.com/labicicletacordoba
Öffnungszeiten: Täglich 8.00 – 24.00 Uhr

RETRATOS
TONY SOTO

TABERNA SALINAS

Die schönsten Plätze in dieser Taverne sind an einem der kleinen Marmortische vorn an der Bar des Restaurants, dort, wo sich auch die Einheimischen niederlassen. Umgeben von Torero-Porträts, von altem Holz und bunten Kacheln kann man in dem Traditionsrestaurant, dessen Geschichte bis 1879 zurückgeht, Tapas essen, diverse Sherrys probieren und Weine aus der Montilla-Moriles-Region südöstlich von Córdoba. Neben einer leckeren Gazpacho, die im Glas serviert wird, gibt es hier auch die viel seltener angebotene Ajobianco. Der schneeweiße Vorläufer der Gemüse-Gazpacho kam mit den Mauren nach Andalusien und wird aus Mandelmilch, Weißbrot und Knoblauch gemacht. Wirklich köstlich aber sind die Berenjenas fritas, frittierte Auberginenscheiben mit Zuckerrohrhonig. Ein sehr gehaltvolles Vergnügen, und wie alle Portionen hier ist auch diese ziemlich groß. Ideal also, sich alles zu teilen. Selbst wenn einem das bei den Naranjas picás con aceite y bacalao vielleicht nicht so leichtfällt. Denn der Orangen-Fisch-Salat ist eine großartige Kombination aus fruchtigen Orangen, salzigem Fisch und leicht bitterem Olivenöl. Unser absoluter Favorit und ein Klassiker des Hauses.
Perfekt ist es, das alles mit einem Sherry abzurunden, der direkt aus Fässern kommt, die in die Wand hinter der Bar eingelassen sind. Die Auswahl ist anspruchsvoll. Denn neben den einfachen, aber umso köstlicheren Tapas legt Manuel Jiménez Montoro viel Wert auf qualitätvolle Produkte aus der Region.

12 Taberna Salinas Adresse: Calle Tundidores, 3, 14002 Córdoba
Tel: 0034 957 480135 Internet: www.tabernasalinas.com Öffnungszeiten:
Montag – Samstag 12.30 – 16.00 Uhr und 20.00 – 23.30 Uhr, August geschlossen

RIP CURL

☞ Bar Los Cuatro Gatos

Völlig unspektakulär, aber umso netter ist die Bar der „vier Katzen" an einem kleinen Platz und fest in der Hand von Córdobesen. Ein paar Tapas werden hier angeboten und vor allem Wein und Bier. Drinnen gibt es bemalte Wände und eine kleine Bar, vor allem aber sitzt man draußen auf Hockern und an hohen Tischen direkt vor der Tür. Da ist es kein Problem, ins Gespräch zu kommen, denn je später der Abend, desto ungezwungener vermischen sich die einzelnen Grüppchen, die um die Tische versammelt sind.

Adresse: Plaza Sánchez Peña, 14, 14002 Córdoba
Öffnungszeiten: Täglich 19.00 Uhr bis weit nach Mitternacht

CASA DE LOS AZULEJOS

Schlicht eingerichtet und absolut zentral gelegen ist die Casa de los Azulejos, die nach ihren schönen alten und bunten Kacheln benannt ist.
Südländisches Flair weht durch das koloniale Palais aus dem 17. Jahrhundert mit seinem schattigen Innenhof, um den herum auf mehreren Etagen die Zimmer liegen – und der selbst eine kleine Oase ist. Ein Springbrunnen plätschert dort, große Palmen, Bananenbäume, Klivien und anderes Grün schaffen eine mediterrane Atmosphäre, an den Seiten stehen vereinzelt kleine Tische, und eine Hängematte schaukelt in einer Ecke. Die Fenster und die Gitter der Balustraden sind handgeschmiedet, ein Erbe vergangener Zeiten, das auf kräftige Farben und abstrakte Kunst trifft.
Einfach und auf den Punkt sind die Zimmer, in denen nicht der geringste Plüsch die heißen Sommertemperaturen zusätzlich anheizt. Stattdessen sind die Böden gekachelt, viele der Betten schmiedeeisern, die Einrichtung zurückhaltend und die Kissen und Vorhänge leuchtend bunt. Einige der Zimmer im Erdgeschoss haben zudem eine kleine Terrasse.
Schön ist es, sich in den üppig begrünten Patio zu setzen, aber auch ein Abstecher in die Bibliothek, die gemeinsam mit der Hochschule für Architektur bestückt wurde, lohnt. Es finden sich dort vor allem Bücher über Gastronomie, Architektur und Kunst – und viele aktuelle Bestseller, die Gäste dort hinterließen.

13 Casa de los Azulejos Adresse: Calle Fernando Colón, 5, 14002 Cordóba
Tel: 0034 957 470000 Internet: www.casadelosazulejos.com
Preise: DZ ab 68 Euro inkl. Frühstück

MEZQUITA-CATEDRAL DE CÓRDOBA

Die prächtige Moschee, die Kalif Al-Mansur Ende des 10. Jahrhunderts fertigstellen ließ, zeugt von Córdobas Blütezeit. 500.000 Menschen lebten damals in der Stadt, es gab Hochschulen und Bibliotheken, die Landwirtschaft blühte und die maurische Kultur. Auch deshalb versuchten die Christen, die Córdoba 1236 zurückeroberten, die Mezquita mit aller Macht zu übernehmen. Sie stockten das Minarett auf und befestigten auf der Spitze eine Statue des Erzengels Gabriel, machten den Mittelteil der Moschee dem Erdboden gleich und setzten einen Renaissancebau hinein. Die Anmut der Moschee konnten sie dennoch nicht zerstören – und heute zieht das religiöse und architektonische Zwitterwesen, das auf seine Art eindrücklicher als die Alhambra ist, viele Touristen in Andalusien an. Mit einen Wald aus über 800 Säulen aus den verschiedenen Epochen und Materialien verteilt sich das Bauwerk über gigantische 24.000 Quadratmeter. Dämmerlicht und Sonnenstrahlen flirren durch die Gewölbe, durch die leise Schatten und laute Reinigungstrupps huschen und in denen man sich verliert. Ein weiterer Höhepunkt ist die gen Mekka ausgerichtete Gebetsnische Mihrab mit ihrem Ornament-Feuerwerk aus Arabesken, Mosaiken und kunstvollen Schriftbändern. Lassen Sie sich durch die Gebetshallen treiben, setzen Sie sich auf eine der Bänke und staunen Sie über die unterschiedlichen Ansichten, bei denen immer wieder muslimische auf christliche Kunst trifft.

14 Mezquita-Catedral de Córdoba Adresse: Calle del Cardenal Herrero, 1, 14003 Córdoba Tel: 0034 957 470512 Internet: www.catedraldecordoba.es Öffnungszeiten: März – Oktober: Montag – Samstag 10.00 – 19.00 Uhr, Sonntag 8.30 – 11.30 Uhr und 15.00 – 19.00 Uhr; November – Februar: Montag – Samstag 10.00 – 18.00 Uhr, Sonntag 8.30 – 11.30 Uhr und 15.00 – 18.00 Uhr

Corral del Rey
Seville, Spain

CORRAL DEL REY

Mitten in der Altstadt in einer kleinen, schmalen Gasse liegt dieses Hotel, das auf zwei einander gegenüberliegenden Stadtpalais aus dem 17. Jahrhundert verteilt ist. Dezent in Sandfarben gehalten, schlicht und hochmodern, verbindet es andalusische Architektur mit zeitgenössischem und fernöstlichem Design. Viele der Wände sind freigelegt, die Böden aus Holz, und eindrucksvoll ist der Blick in der Lobby, der mehrere offene Etagen hochführt, die mit schmiedeeisernen Balustraden, geschnitzten Holzbalken und Rundbögen verziert sind. Genauso umwerfend ist das Personal, junge Damen in Seidenkleidern, die einen bei der Ankunft erst mal mit selbst gemachter Limonade verwöhnen und jede Frage versiert beantworten. Und können sie das ausnahmsweise nicht, setzen sie sich sofort an den Computer, um zu recherchieren – ob das eine Tapas-Bar, ein Architektur-Highlight oder eine Führung ist. Der Service ist wirklich enorm. Und so kann man auch nicht nur in dem länglichen Gewölbe im Parterre frühstücken, sondern ebenso auf der Dachterrasse. Sie ist zwar eher zum Sonnenbaden gedacht, aber gerne wird das Frühstück hochgebracht. Wohnt man gegenüber dem Haupthaus, hat man ein kleines Apartment mit spektakulär hohen Decken, einem begehbaren Duschraum, der groß wie ein Zimmer ist, und Ausblicke in toll ausgeleuchtete Schächte, die mit ihren großen Oliven-Tonkrügen wie eine Ausgrabungsstätte wirken. Außerhalb von Sevilla unterhalten Anthony und Patrick Reid zudem die luxuriöse Hacienda de San Rafael.

15 Corral del Rey Adresse: Calle Corral del Rey, 12, 41004 Sevilla
Tel: 0034 954 227116 Internet: www.corraldelrey.com
Preise: DZ ab 280 Euro inkl. Frühstück

☞ Casa № 7

Hochherrschaftliche Porträts, prächtige Orientteppiche, kleine britische Zweisitzer und samtbezogene Rokokohocker: Hinter dem schlichten Namen Casa № 7 verbirgt sich eine stilsichere, ruhige Luxusoase mitten in Sevillas quirliger Altstadt. Durch eine unauffällige Tür tritt man in das denkmalgeschützte Stadtpalais von 1847, ein ehemaliges Privathaus mit sechs liebevoll eingerichteten Zimmern, einer Dachterrasse – und einem Butler. Der Hausherr mit einem Hang zu britischer Noblesse ist Gonzalo del Río, dessen Familie zu den ältesten Sherry-Dynastien, González Byass, in Andalusien zählt.

Adresse: Calle Virgenes, 7, 41004 Sevilla
Tel: 0034 954 221581, Internet: www.casanumero7.com
Preise: DZ 177 Euro inkl. Frühstück

EL RINCONCILLO

Schon von außen ist die traditionsreiche Pracht der Tapas-Bar nicht zu übersehen. Bunte Kacheln und verziertes Holz schmücken die charmant verlebte Fassade – und innen geht es genauso weiter. Gekachelt bis unter die Decke, dazu üppig gefüllte Holzregale, alte Säulen, schmiedeeiserne Lüster und ein anregender Lärmpegel. Das El Rinconcillo ist eine Institution in Sevilla, und von mittags an sind die kleinen Tische besetzt, man steht um Weinfässer herum und vor allem an der langen, geschwungenen Bar, die sich gleich durch zwei Räume zieht. Unter der Decke baumeln Chorizos und Jamón-Ibérico-Keulen, und über die Theke wandern unaufhörlich verschiedenste Tapas, Tortillas und Gläschen mit Sherry. Hier trifft man sich nach dem Einkaufen auf einen Drink, auf ein Häppchen Bacalao mit Tomate, ein Stückchen Manchego, Tintenfisch mit schwarzem Reis, und bis in die Nacht hinein hört der Trubel nicht auf. Inmitten der Aufregung sitzen alte Herren an der Bar und studieren in Seelenruhe die Zeitung, daneben quetschen sich Freundinnen zum lauten Talk, und die Kellner kritzeln ihre Abrechnungen mit Kreide direkt auf die Holztheke. Auch wenn es hier Ungewöhnliches wie Ortiguillas fritas, frittierte Seeanemonen, gibt, sollte man sich an die einfach zuzubereitenden Klassiker halten. In der Geschäftigkeit bleibt die Qualität aufwendiger Kleinigkeiten schon mal auf der Strecke. Genießen Sie die Atmosphäre, denn der schadet das keineswegs.

16 El Rinconcillo Adresse: Calle Gerona, 40, 41003 Sevilla
Tel: 0034 954 223183 Internet: www.elrinconcillo.es
Öffnungszeiten: Täglich 13.00 – 1.30 Uhr

☞ Eslava

Hier sitzt man auf Hockern an einer langen Theke aufgereiht, fast wie in einer Sushi-Bar – und vor leuchtend meeresblauen Wänden. Im hinteren Teil dieser modernen Tapas-Bar stehen allerdings auch ein paar kleine Holztische, und dort geht es gemütlicher zu. Regelmäßig ausgezeichnet werden Kreationen wie „langsam gekochte Eier auf Steinpilz-Küchlein mit karamellisiertem Wein“ oder eine zur Zigarre gerollte Komposition mit Tintenfisch und Algen. Aber auch alle Klassiker sind im Angebot, das eher sehr fleischlastig ist, aber dennoch eine gute Auswahl für Vegetarier hat.

Adresse: Calle Eslava, 3, 41002 Sevilla
Tel: 0034 954 906568, Internet: www.espacioeslava.com
Öffnungszeiten: Dienstag – Samstag 13.30 – 16.00 Uhr und 21.00 – 23.30 Uhr, Sonntag 13.30 – 16.00 Uhr, Sonntag Abend und Montag geschlossen

NUESTROS POSTRES
* TARTA DE CHOCOLATE
CON ESENCIA NARANJA
* TARTA DE QUESO
* TIRAMISÚ
* HELADO TURRÓN
CHOCOLATE CALIENTE
* SOKOA (PASTEL VASCO)
* HELADO QUESO VIEJO
* SORBETE LIMÓN AL CAVA
* HELADO DE QUESO
DE TORTA DE EL CASAR
CON COULIS DE UVA

EL GALLINERO DE SANDRA

Das Restaurant ist gar nicht so leicht zu finden. Doch die Einheimischen kennen den Weg. Ruhig und zwischen mehreren Wohnhäusern liegt das El Gallinero de Sandra, und am einfachsten ist es, schräg gegenüber vom Hotel Venecia (Calle Trajano, 31) in die Hauspassage hineinzugehen. Abseits der Touristenströme sitzt man hier auf der großen Terrasse mit schaukelnden weißen Papierlampen oder in dem hellen, lichten Restaurant, das mit lustigen Hähnen und kleinen Hahngemälden geschmückt ist.
Auch wenn die Dekoration ganz auf das Federvieh konzentriert ist, hat man in der Küche vor allem die Meeresbewohner im Blick. Seit 2003 serviert Sandra Meeresfrüchte und Fisch, ganz frisch, schlicht und auf den Punkt zubereitet. Der jeweilige Fisch des Tages wird gegrillt und mit frischem Gemüse angeboten. Lecker und saftig sind auch der Pulpo frito con aioli, saftige Fischkroketten und Knoblauchcreme, und die Coca de sardina y burrata, die mit Ziegenkäse serviert wird. Unser Favorit: der erfrischende Pulpo mit Avocado und würzigem Dressing. Alles kommt in üppigen Portionen, die man sich durchaus auch teilen kann. Die Weine sind ausgesucht und nicht teuer, und trinken Sie nicht die ganze Flasche, wird das generös abgerechnet. Überhaupt ist das junge Team wunderbar herzlich. Unaufhörlich geht die Hausherrin von Tisch zu Tisch und kümmert sich darum, dass alles in Ordnung ist, egal ob man schon oft dort war oder zum ersten Mal.

17 El Gallinero de Sandra Adresse: Calle del Esperanza Elena Caro, 2, 41002 Sevilla Tel: 0034 954 909931 Internet: www.elgallinerodesandra.es Öffnungszeiten: Montag – Samstag 13.45 – 16.00 Uhr und 20.30 – 24.00 Uhr, Sonntag Abend und Montag geschlossen

SOMOS TODOS IGUALES
NOS PASAMOS EL TIEMPO
EN LA OSCURIDAD
CON MUCHA COMIDA, CON FOCOS
DE LUZ SIEMPRE ENCENDIDO...
NO SÉ NO HAY CHICAS.

☞ Reinas

Von diesem kleinen Deli aus hat man den entspanntesten Ausblick auf Jürgen Meyer H.s spektakulären Metropol Parasol, eine riesige, architektonische Holzkonstruktion mitten in Sevilla. Vor dem Reinas sind ein paar hölzerne Tische, Stühle und Hocker aufgestellt, alles ist ganz unaufgeregt, etwas zusammengewürfelt und modern. Innen sitzt man nebeneinandergereiht an einer Theke, aber auf jeden Fall sollte man sich draußen ein Plätzchen suchen – zwischen den jungen Sevillianern, die einen kurzen Zwischenstopp machen. Angeboten werden verschiedene Weine und ein paar Tapas, und zwei Häuser weiter gibt es noch den größeren, aber nicht ganz so charmanten Ableger La Traviesa mit einem umfangreicheren Angebot.

Adresse: Calle Regina, 4, 41003 Sevilla
Öffnungszeiten: Dienstag – Samstag 12.30 – 16.30 Uhr und 20.30 – 24.30 Uhr

reinas
PAPAS ALIÑÁS ____ 2'90
MOJAMA DE ATÚN _ 2'70
HUEVAS DE MARUCA _ 2'70
BANDERILLA ATÚN/QUESO _ 2'40
ALBERO 2€ '40

EMILIO MORO
NASA

CASA MORENO

Hier ist kein Zentimeter ungenutzt. Vom Boden bis zur hohen Decke stapeln sich in diesem traditionellen Geschäft die Lebensmittel. Fischkonserven, dicke Bohnen, Couscous, eingelegter Kürbis oder Galletas Birba Biscuits in herrlich kunterbunten, kitschigen Packungen, die wie Gemälde aussehen. Ganz wie der Laden, in dem Maiskolben- und Gurken-Gläser mal zum gelbgrünen Muster aneinandergereiht sind, knallrote Tomatendosen wie ein monochromes Gemälde wirken und Sardinendosen auch mal hochkant gestapelt werden, damit alles exakt in die alten weißen Holzregale passt.
Dazu baumeln Jamón-Ibérico-Haxen unter der Decke, natürlich samt dem berühmten schwarzen Huf und mit kleinen Auffangschirmchen versehen, damit das Fett nicht auf die Kunden tropft. Manchego und viele andere Käsesorten und Würste liegen in der Vitrine, es gibt verschiedene Brote, Körbe mit losen, getrockneten Bohnen, Erbsen und Linsen und alles, was man sonst noch braucht, wenn man mal kurz aus der Nachbarschaft vorbeischaut – oder auch länger bleibt. Auf einen Schwatz, ein paar Sherrys und getoastete Käse-Schinken-Brötchen, die im hinteren Teil des Ladens serviert werden. Da steht man an einer langen Theke und inmitten einer abenteuerlichen Dekoration samt riesigem Stierkopf, Torero- und Heiligen-Bildchen, Postkarten, Notizzetteln und Familienfotos, und dazu türmen sich Riesengläser mit Jalapeños aufeinander. Ein toller Ort, um etwas altes Sevilla-Flair zu atmen.

18 Casa Moreno Adresse: Gamazo, 7, 41001 Sevilla
Tel: 0034 954 228315 Internet: www.cerveceriainternacional.com
Öffnungszeiten: Montag – Samstag 8.00 – 15.30 Uhr und 18.00 – 22.30 Uhr

La Feria.
La feria
5
Mayo
el
"pescaito"
28 Febrero
"gran final"
del
Teatro Falla
carnaval de Cai.
Corpus Christi
19 junio
¡Vaya caló!
el "Rocío"
9 junio.
LUNES PENTECOSTES
9.000.000€

Casa Moreno
Chacinería
Ultramarinos

☞ La Societé

Weißbrot ade. In dieser kleinen Boulangerie und Patisserie gibt es eine feine Auswahl verschiedenster Brote und Brötchen – und die reicht von Sauerteig über Serrano mit Olivenöl und Artisan Bread bis hin zu glutenfreiem Brot. Dazu gibt es kleine Kuchen, Croissants, Pain au chocolat, Vollkornkekse, Tomatenquiche oder Spinattaschen. Hell und pur ist La Societé, und in dem kleinen offenen Raum nebenan kann man sich am großen Tisch mit einem Saft oder Café con leche niederlassen. Ein schöner Ort für einen Snack zwischendurch und vor allem auch zum unprätentiösen Frühstücken.

Adresse: Calle Zaragoza, 34, 41001 Sevilla
Tel: 0034 955 224110
Öffnungszeiten: Täglich 9.00 – 15.30 Uhr

BARRA GALLEGA 250 gr.
P.V.P: 1,20 €
SERRANO DE ACEITE
1,20 €
MAXI BARRITA
0'60
CENTENO "PURO"
1,20 €
PAVÉ
ARTESANO

☞ Ofelia Bakery

Dieses kleine Cupcake-Café ist licht und mit viel Liebe gemacht. Bestellt wird an der Bar, und auf dem langen Holztisch, an den man sich setzen kann, liegen selbst gebastelte Papier-Seerosen, das Buffet mit dem Holzbesteck ist mit Streublümchenpaier ausgelegt, und dazu hängen in Eiscremetönen lackierte Backformen als Deko an der Wand. Besonders lecker ist der Möhren-Cupcake, der wie alle anderen Kuchen oben auf dem kleinen Balkon über der Theke gebacken wird. Es gibt auch Magdalenas, Canelés – und für den ganz kleinen Hunger Mini-Cupcakes.

Adresse: Cuesta del Rosario, 16B, 41004 Sevilla
Internet: www.ofeliabakery.com
Öffnungszeiten: Dienstag – Samstag 11.00 – 14.00 Uhr und 16.30 – 21.30 Uhr, Sonntag 11.00 – 14.00 Uhr

☞ Heladería La Fiorentina

Man nennt Joaquín Liria nicht umsonst den Eiscreme-Maestro. In seiner kleinen Eisdiele kann man sich drinnen und vor allem auch draußen niederlassen und kosten, was sein handgemachtes Angebot bietet. Und das ist mitunter durchaus einzigartig. Zum Beispiel die Sorte Flor de Azahar, Sevilla-Orange, die den Duft von Orangenblüten einfängt, der im Frühling durch Andalusien weht, oder die Dulces de Torrijas, die der Süßigkeit nachempfunden sind, die man während der Semana Santa, der österlichen Prozessionswoche, isst und aus Brot, das in Wein, Zimt, Zitronen- und Orangensaft getränkt wurde, gebacken wird. Aber auch ganz gängige Sorten kann man in der unspektakulären Eisdiele essen oder eine Horchata, Erdmandelmilch, trinken.

Adresse: Calle Zaragoza, 16, 41001 Sevilla
Tel: 0034 954 221550
Internet: www.heladerialafiorentina.com

supreminox
linea Mini Ceramic
metaltex
mr. frothy

BAZAR VICTORIA

In diesem Laden gibt es einfach alles, was das praktische Haushaltsherz begehrt. In langen Gängen sind Kuchenformen, Pastamaschinen, Töpfe, Flaschenöffner, Fleischwölfe, Kessel, Ölkännchen, Schrauben, manuelle Tischstaubsauger, Dosenöffner, Mörser und kleine Olivenpressen gestapelt, aber auch klassische bunte Alubecher oder traditionelle gelbgrüne Keramik. Selbst unter der Decke hängen noch Pfannen und Abtropfsiebe, im Durchgang lehnt ein Besen, ans Regal gerückt ist eine Handwaschmaschine, und hinter einem Tresen stehen aufmerksame Herren, die trotz des überbordenden Warenangebots zielsicher wissen, wo etwas zu finden ist und welche Variationen es davon gibt – verteilt auf die unterschiedlichen Ecken des Regal-Labyrinths. Ein Unterschied zwischen Hoch- und Plastikkultur wird in dem Bazar, der seinem Namen alle Ehre macht, nicht vorgenommen. Unfassbaren Kitsch gibt es, schlimme Gimmicks wie Eieruhren im Sombrero-Style, aber dazu blecherne Gemüsescheren oder Tapas-Tellerchen in verschiedensten Variationen. Ist man einmal eingedrungen in dieses Kleinod des alten Sevilla, das mit seinem Kram-Charme etwas wie aus der Zeit gefallen scheint, muss man nur auf eines achten: dass man sich nicht verliert in dem eklektischen und wild zusammengewürfelten Angebot. Und wenn doch, ist das einfach herrlich, und plötzlich hat man einen Holzkochlöffel made in Spain gekauft oder Isolier-Tape aus Korea.

19 Bazar Victoria Adresse: Calle Entrecárceles, 1 und 3, 41001 Sevilla Internet: www.bazarvictoria.es Öffnungszeiten: Montag – Freitag 10.00 – 13.30 Uhr und 17.00 – 20.30 Uhr, Samstag 10.00 – 13.30 Uhr

Molde turrón de chocolate
Nougat de chocolat

☞ Bummeln durch die Calle Chicarreros

In der Nähe des Bazar Victoria liegt die Straße Chicarreros mit weiteren traditionellen Geschäften, die noch den Charme des alten Sevilla versprühen. Spezialisiert, mit versierten Verkäufern hinter hölzernen Theken und einem tollen Angebot. Einen Kurzwarenladen gibt es dort mit Spitzen in allen Variationen und Preislagen, Bänder und Borten in den unterschiedlichsten Farben, geringelt und auch handgewoben, durch die man sich in abgegrabbelten Musterbüchern blättern kann, und einem Knopfsortiment, in dem man findet, wonach man schon lange gesucht hat. Ein Stück weiter ist ein Friseurbedarf mit Fachverkäuferinnen, die problemlos die passende Bürste für jedes Haar offerieren, dazu altmodische Turbane und moderne Haarpflegeprodukte. Die Calle Chicarreros ist perfekt, um sich treiben zu lassen.

PLAZA MAYOR

PUERTA SUR

Fino La Ina
FUNDADOR

RONDA UND DIE COSTA DE LA LUZ

Das Städtchen Ronda ist aufgrund seiner Lage einer der spektakulärsten Orte Andalusiens. Die maurisch geprägte Altstadt liegt auf einem Felsplateau, das rundherum steil abfällt und über dessen 100 Meter tiefe Schlucht sich die Brücke Puente Nuevo spannt und in die Neustadt führt. Berühmt wurde Ronda auch durch die schwärmerischen Zeilen des Dichters Rainer Maria Rilke, der hier im Winter 1912 ein paar Monate verbrachte. 1923 kam Ernest Hemingway in die Stadt, und in seinem Roman „Wem die Stunde schlägt" erzählt er von der Ermordung eines Faschisten, der in eine tiefe Schlucht gestoßen wird, eine Geschichte, die auf wahren Ereignissen in Ronda beruht.

Heute kommen vor allem Touristen, blicken die Schlucht hinunter, wandern zu den Aussichtspunkten oder besuchen die älteste Stierkampfarena samt historischem Museum.

Auch das Umland ist attraktiv, sanfte Hügel und Naturparks wie die Sierra de Grazalema mit dem 1000 Meter hohen Bergmassiv. Wegen der außergewöhnlich hohen Niederschläge gehört der Naturpark zu den grünsten Regionen Andalusiens, und der so ausgewaschene Kalkstein hat zahlreiche Schluchten, Höhlen, Grotten und spannende Karstformationen ausgebildet.

Zur Costa del Sol mit den Stränden rund um Marbella sind es gerade mal 60 Kilometer, zur Costa de la Luz 120 – und dort locken lange weiße Strände, die Küstenstädte Tarifa und Cádiz, Surfer-Feeling und Blicke übers Meer, die bis nach Marokko reichen.

CASALASIESTA
RURAL LUXURY

CASA LA SIESTA

Die Anfahrt ist eher unspektakulär. Doch was einen dann erwartet, ist wirklich besonders. Wie auf einer Hazienda fühlt man sich in diesem Hideaway, umgeben von sanften Hügeln, von Weideland, Rindern und Pferden, und dazu kreisen im Hintergrund Windräder, die der ganzen Szenerie einen unbestechlich zeitgemäßen Touch verleihen. Hier herrscht wunderbare Ruhe, einzig hört man die Palmen vielleicht mal im Wind rauschen. Ein Rückzugsort mit Gärten rund um das Haus, mit Lauben und Daybeds samt fantastischem Blick auf die Landschaft. Es ist das Haus eines britischen Anwalts und einer Köchin, die auf Catering spezialisiert ist, die sich in Andalusien kennenlernten und gemeinsam zunächst ein kleines Bed & Breakfast betrieben, das nach und nach etwas größer wurde. 2008 war es, als sie sich in dieses Haus verliebten. Wunderbar renoviert im schönsten Landhaus-Style, mit viel Holz, Steinfußböden und bestickten Kissen, mit Gardinen, die im Wind wehen, Räumen hoch wie eine Kathedrale, offenen Bädern und Sandfarben. Hier ist alles genau so, wie es einem guttut. Zum Frühstück setzt man sich einfach an einen der Tische im Patio und wird mit hausgemachtem Müsli, Eiern und Früchten verwöhnt. Nimmt man sich abends Wein, macht man einfach einen Strich in der Liste, und zwischendurch wird köstlicher Manchego aus der Region, selbst gemachte Gazpacho und hausgebackenes Brot aufgetischt. Wer möchte, kann hier auch in den Ställen mit anpacken oder einen Ausritt machen.

20 Casa la Siesta Adresse: Los Parralejos s/n, 11150 Vejer de la Frontera, Cádiz
Tel: 0034 956 232003 Internet: www.casalasiesta.com
Preise: DZ ab 195 Euro inkl. Frühstück

☞ Horse Whispering

Nicky aus Großbritannien hat hier ihren Traumjob gefunden. Sie kümmert sich um Amrin, Toffee und Eddie, zwei Pferde und ein keckes Pony, die alle aus furchtbaren Verhältnissen gerettet wurden. Gemeinsam mit ihr lernt man, sie zu reiten, und zwar ohne Mundstück im Maul, dafür aber mit engem Kontakt zu den Tieren. Auf die Atmung kommt es dabei an, eine bestimmte Arm- und vor allem Geisteshaltung, und so dreht man gemeinsam zu Fuß erst einmal Runden durch die Koppel und reitet später durch die fantastische Landschaft. Es ist eine absolut beeindruckende Erfahrung, mit Nicky und den Pferden zu arbeiten, und Sie sollten sich das nicht entgehen lassen.

Was man dafür bezahlt, ist einem selbst überlassen. 50 Euro pro Einheit werden empfohlen, die direkt in das Horse Rehabilitation Project der Casa gehen.

Florida Red
Germaine Monteil

SIETE BALCONES

{y un patio}

SIETE BALCONES

So sieht es aus, wenn britischer Chic auf andalusische Folklore trifft: Licht, reduziert und farbenfroh präsentiert sich das Siete Balcones von Wanda und Bry, zwei Keramikern aus Spanien und Großbritannien. Das kleine Bed & Breakfast, das in einem Haus aus dem 18. Jahrhundert und inmitten der charmant verwinkelten Altstadt von Vejer liegt, ist strahlend weiß und atmet den Künstler-Geist seiner Besitzer. Hier ein leuchtend roter Webteppich an der Wand, dort ein Fifties-Plakat und dazu ein passend geschwungener dunkler Holztisch und hübsche Kelims.

Wie für die Wohnarchitektur des 18. Jahrhunderts in Andalusien typisch, öffnen sich schmiedeeiserne verzierte Balkone zum großen schattigen Innenhof und auf die schmale Straße. Natürlich sind überall auch Keramiken von Wanda und Bry zu sehen, und man kann ihnen im Atelier gern über die Schulter schauen. Oder vielleicht sogar mal selbst Hand anlegen.

Die richtige Mischung auch hat das Frühstück, das aus Brot, frischen Früchten, Käse, Honig, Cereals und Eiern besteht. Möchte man sich nicht im schönen Patio oder auf der Dachterrasse niederlassen, ist es gerade mal eine Viertelstunde mit dem Auto zum Meer. Oder man bummelt durch das charmante und wenig touristische Vejer und macht einen Stopp in der sehr authentischen alten Tapas-Bar Apertivo.

21 Siete Balcones Adresse: Calle Eduardo Shelly, 7,
11150 Vejer de la Frontera, Cádiz
Tel: 0034 956 447732 Internet: www.sietebalcones.com
Preise: DZ ab 80 Euro inkl. Frühstück

RESTAURANTE PATRÍA

Hier treffen sich die Expats der Gegend, jede Menge einheimischer Stammgäste und die Glücklichen, die das Patría gerade erst entdeckt haben – und garantiert immer wiederkommen. Denn die Küche von Thomas Donsø, der vor sieben Jahren und nach einem Umweg über Teneriffa mit seiner Frau Åse und den beiden Kindern aus Kopenhagen in die Hügel von Vejer zog, macht einfach glücklich. Während der Blick von der lauschig überdachten Terrasse über eine sanft abfallende Ebene bis hin zum Meer reicht, kann man eine Küche genießen, die mit einem Touch California comfort food versehen ist und dazu dänische und andalusische Einflüsse vereint. Mit strahlendem Charme empfiehlt Åse Spinatkroketten mit Ziegenkäse aus dem Ort, die kugelrund, kross und innen wunderbar cremig sind. Der Salat hingegen wird mit Fenchelhummus und einem tollen, würzigen Dressing serviert, das Brot ist selbst gebacken. Herrlich und frisch sind die Artischocken mit Knoblauch, Mandeln und Zitrone – und als absolute Krönung kommen schließlich die Ravioli mit Schweinefleisch, Blauschimmelkäse und süßem Sherry. Was für eine Kombination: der würzige Käse samt dem „dulce" Sherry, deren Aroma sich schließlich durch den hauchdünnen Ravioli-Teig und das Fleisch zieht. Teilen Sie sich die Gerichte, damit Sie Verschiedenes probieren können. Und lassen Sie sich von Åse einen der guten Sherrys zu den verschiedenen Gerichten empfehlen.

22 Restaurante Patría Adresse: Calle Patría, 48, La Muela, 11150 Vejer de la Frontera, Cádiz Tel: 0034 956 448463 Internet: www.restaurantepatria.com Öffnungszeiten: Dienstag – Sonntag 20.00 – 23.00 Uhr, Samstag und Sonntag auch 13.00 – 16.00 Uhr, November und Dezember geschlossen

Restaurant Patría
Mad & La Vida
Åse og Thomas Donsø
Pris: 30,-
patría

Ein Gespräch mit Thomas Donsø

Inhaber und Chefkoch

Seit sieben Jahren leben und kochen Sie hier. Hat das Ihre Gerichte beeinflusst?

Meine Küche hat immer noch dänische Einflüsse, da komme ich her, und da hab ich schließlich gelernt. Aber je länger wir hier in Vejer sind, desto spanischer wird sie. Das liegt schon allein an den tollen Zutaten, die direkt hier wachsen.

Welches sind Ihre liebsten?

Also für mich reift hier die allerbeste, geschmacksintensivste Paprika, die ich kenne. Gleich drei Sorten gibt es davon. Dazu wachsen hier köstliche Süßkartoffeln, die ich regelmäßig verwende. Der Thunfisch ist fangfrisch, und das Fleisch kommt direkt von den Weiden. Die Kühe und Rinder, denen man von der Terrasse aus beim Grasen zusehen kann, werden entweder für den Stierkampf verwandt oder gehen an mich. Mir ist es wichtig, nur spanische Produkte zu verwenden, alles ganz frisch und am allerbesten lokal.

Sie haben auch zahlreiche Sherrysorten auf Ihrer Karte.

Die Sherry-Kultur hier ist sehr interessant und vielfältig, und vor allem gibt es durchaus Sorten, die man sehr gut zum Essen trinken kann.

Können Sie sich vorstellen, hierzubleiben?

Ich finde es wunderbar hier. Man wächst in die Landschaft hinein. Alles ist simpel, dazu aber lieblich und milde.

LA CASTILLERÍA

Bevor man an seinen Platz in dieser grünen verwinkelten Oase mit Palmen, Trompetenblumen und Bambusdächern geführt wird, sieht man bereits, was einen kulinarisch erwartet. Die Wartezone des immer mehr als gut besuchten Restaurants liegt direkt vor der gläsernen Küche, in der bis spät am Abend herumgewirbelt wird. Am großen Holzkohlegrill wird meisterhaft Fleisch gewendet, am Küchenblock Fisch filetiert und gebraten, es werden Chips frittiert und Gemüse gedünstet und das alles in sehr entspannter Atmosphäre, aber gleichzeitig in einem enormen Tempo, bei dem jeder Handgriff sitzt.
Der Chefkoch Juan Valdés, der in einem baskischen Restaurant die Kunst der Fischküche erlernt hat, hat vor mehr als 20 Jahren auf Fleisch umgesattelt – und zwar auf hochkarätiges und auf das beste der Region. Von dort kommt es bis heute her, von Tieren, die auf den sanften Hängen weiden, und soll es Fisch sein, stammt der von der nahe gelegenen Küste.
Wählen kann man zwischen Entrecote, das acht bis zwölf Monate oder vier bis sechs Jahre abgehangen ist. Man muss aber kein Fleisch-Aficionado sein, um im La Castillería glücklich satt zu werden. Der Bacalao ist ein hoch gelobter Klassiker, und da das Gemüse zu den Gerichten sowieso separat bestellt wird, kann man sich auch wunderbar darauf konzentrieren. Wollen Sie eventuelles Warten vermeiden, sollten Sie auf jeden Fall reservieren.

23 La Castillería Adresse: Pago de Sta Lucía s/n, 11158 Santa Lucía, Cádiz
Tel: 0034 956 451497 Internet: restaurantecastilleria.com
Öffnungszeiten: Täglich 13.30 – 15.30 Uhr und 20.30 – 24.30 Uhr

EL FARO DE CÁDIZ

Hier schmeißt man sich ins Sonntagskleid, poliert die Lackschühchen der lieben Kleinen und streicht ihnen den Scheitel glatt. Das El Faro ist ein Traditionsrestaurant mit 50-jähriger Geschichte und dieser ganz speziellen klassischen südländischen Eleganz. Groß ist es, mit Kellnern, die ihr Handwerk seit Jahrzehnten versehen, und dazu über und über mit Fotografien und Bildern dekoriert, auf denen zu sehen ist, welche Berühmtheiten aus Politik und Gesellschaft hier schon diniert haben.
So groß wie das Restaurant selbst, das mit schweren Tischdecken und stoffüberzogenen Stühlen eingerichtet ist, so umfangreich ist auch die Karte. Ein beträchtliches Angebot klassischer Tapas gibt es hier, kalt oder warm, Fleischgerichte und vor allem jede Menge Fisch, der als der beste der Stadt gilt, und dazu eine ausgesuchte Wein- und Sherry-Auswahl.
Köstlich ist die Fischsuppe und der Arroz negro, tiefschwarz, mit Tintenfisch und Reis zubereitet.
Und das Schöne ist, dass man auch auf einen Happen im bunt gekachelten Barraum am Eingang vorbeikommen kann. Dort steht man gemeinsam mit Einheimischen an der Bar und kann tollen frittierten Fisch, Arroz negro und andere ausgesuchte Gerichte aus der Karte des Restaurants genießen. Am besten aber teilt man sich einige der zahlreichen Kleinigkeiten und trinkt dazu ein frisch gezapftes kleines Bier.

24 El Faro de Cádiz Adresse: Calle San Félix, 15, 11002 Cádiz
Tel: 0034 956 211068 Internet: www.elfarodecadiz.com
Öffnungszeiten: Täglich 13.00 – 16.30 Uhr und 20.00 – 24.00 Uhr

FREIDURÍA LAS FLORES

Der frittierte Fisch vom Las Flores ist eine feste Größe in der Stadt. Dafür stehen die Einheimischen Schlange – unter einem herrlich kitschigen Bild von einem Sonnenuntergang und von Fischgeruch umweht. In Windeseile gehen frittierte Gambas, Makrelen, Fischkroketten, Baby-Tintenfische, Seehecht oder Hai über die Theke, eingeschlagen in Papier, ganz frisch, heiß und fettig. Am anderen Ende der Theke sitzen kleine Kinder auf der Bar, baumeln mit den Beinen und futtern Krabbenchips. Sitzen kann man auch, drinnen und umgeben von neonbeleuchtetem Resopal-Charme, ganz so, wie es sich für ein solch unprätentiöses Restaurant gehört, oder draußen an Tischen in der Fußgängerzone.

Viele holen sich aber einfach nur ihren Snack, setzen sich damit auf eine der Bänke an der Straße oder essen im Gehen. Möchten Sie sich im Lokal niederlassen, müssen Sie sich unbedingt an einen der hektischen, aber freundlichen Kellner wenden, sie organisieren die Tische.

Alle Portionen kann man ebenso als halbe haben. Stellen Sie sich am besten eine kleine Auswahl zusammen. Zu üppig muss diese gar nicht sein, denn so frisch und köstlich die Fischteilchen schmecken, so ungeheuer gehaltvoll sind sie auch. Hat man einen Platz, einfach das Papier aufschlagen, welches gleichzeitig als Teller dient, einen Tinto de verano dazu bestellen, und fertig ist der beste Fisch-Snack der Gegend.

25 Freiduría Las Flores Adresse: Plaza de Topete, 4, 11001 Cádiz
Tel: 0034 956 226112
Öffnungszeiten: Täglich 10.00 – 16.30 Uhr und 20.00 – 24.00 Uhr

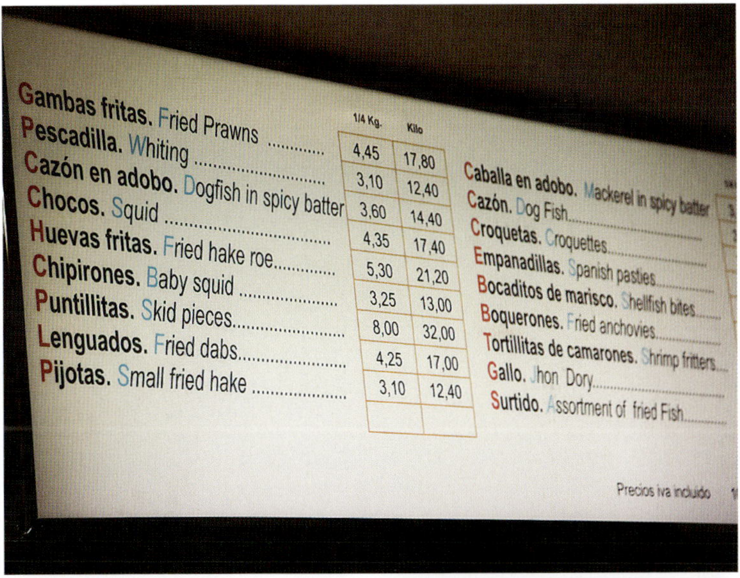

1/4 Kg.
Kilo
Gambas fritas. Fried Prawns 4,45 17,80
Pescadilla. Whiting 3,10 12,40
Cazón en adobo. Dogfish in spicy batter 3,60 14,40
Chocos. Squid 4,35 17,40
Huevas fritas. Fried hake roe............ 5,30 21,20
Chipirones. Baby squid 3,25 13,00
Puntillitas. Skid pieces............ 8,00 32,00
Lenguados. Fried dabs............ 4,25 17,00
Pijotas. Small fried hake 3,10 12,40
Caballa en adobo. Mackerel in spicy batter
Cazón. Dog Fish............
Croquetas. Croquettes............
Empanadillas. Spanish pasties............
Bocaditos de marisco. Shellfish bites............
Boquerones. Fried anchovies............
Tortillitas de camarones. Shrimp fritters............
Gallo. Jhon Dory............
Surtido. Assortment of fried Fish............
Precios iva incluido

LAS FLORES

FINCA NARANJA

FINCA NARANJA

Kleine schlichte orange Kreise weisen den Weg zur Finca Naranja. Sie spielen auf deren Namen an, sind auf Holzstäben in die Landschaft gesteckt – und zeigen einem bereits auf der Fahrt zur Finca, was einen dort erwartet: zeitgenössischer und cozy Stil, der auf herrliche Natur und die wunderbar simplen Freuden des Lebens trifft. Dafür sorgt Conchita Kien, eine Holländerin, die einen großen Teil ihres Lebens auf Bali verbrachte und sich dort einen Namen als Architektin und Interieurdesignerin machte. Zehn Jahre ist es her, als sie die Finca in den sanften Hügeln nahe Ronda kaufte und nach und nach in ein Resort verwandelt hat, in dem die Privatsphäre großgeschrieben wird. Vier einzelne Cottages gibt es, das größte bietet zwei Ebenen, alle ausgestattet mit einer kleinen Küche – und einer raffinierten Architektur, die statt Türen auf geschickt platzierte Mauern setzt.

Gerade mal 15 Minuten ist die Finca von Ronda entfernt, und dennoch fühlt man sich in einer eigenen Welt, mit einem Pool umgeben von Daybeds, Grün und schönen Blicken auf die sanfte Landschaft. Jeden Morgen backt Conchita nach einem alten Rezept aus dem Dorf herrlich krosses Brot, das sie in einem Körbchen auf die Terrasse der Cottages stellt. Jamón, Pecorino und Marmelade stehen im Kühlschrank bereit und zur Begrüßung auch eine Flasche Cava. Möchte man den nicht alleine trinken, gibt es mitten im Grünen unter einem Baum die Honesty Bar zum Come together.

26 Finca Naranja Adresse: Peña Cerrada, 42, Ronda la Vieja, 29400 Ronda
Tel: 0034 952 870476 Internet: www.fincanaranja.com
Preise: DZ ab 125 Euro inkl. Frühstück

Gespräch mit Conchita Kien

Besitzerin der Finca Naranja

Du hast lange auf Bali gelebt und vor zehn Jahren dann die Finca gekauft. Was magst du hier besonders?

Ich liebe die Reinheit des Lebens hier, man lebt mit den Jahreszeiten, pflegt das Miteinander und verbringt ganz ungezwungen Zeit zusammen. Es gibt kein Fernsehen, dafür wunderbare Luft, tolle Gerüche und dann diese Farben. All das ist eigentlich ganz subtil, aber ein wahrer Luxus.

Die Cottages hast du selber entworfen ...

Ja, das war eine schöne Herausforderung. Eine zum Beispiel war der ursprüngliche Hühnerstall, da durfte nichts angebaut werden. Da muss man mit dem Raum arbeiten, damit, was man hat. Wichtig war mir auch, auf Türen zu verzichten, denn sie nehmen zu viel Raum weg. Stattdessen gibt es eingezogene Wände, die aber nicht ganz bis zur Decke reichen und für Luftigkeit sorgen.

Und dazu erinnern einige Accessoires wie die Masken an deine Zeit auf Bali.

Ja, das stimmt, auch wenn ich ständig etwas verändere. Ich finde es gut, wenn Accessoires und Möbel flexibel sind. So kann jeder die Cottages ein wenig zu seinem eigenen Haus machen. Bei den Baumaterialien, bis hin zum Marmor der Böden, habe ich aber nur Lokales verwendet. Das war mir sehr wichtig, denn es ist authentisch und verbindet mit der Umgebung.

Beeindruckend ist auch, wie angenehm die Temperaturen hier sind. Was ist das Geheimnis?

Wir sind auf 850 Metern Höhe, deshalb ist es hier generell etwas luftiger. Wir profitieren von den frischen Brisen, die über die Hügel tanzen, und das ist in der heißen Jahreszeit wirklich herrlich.

DE LOCOS

Im Schatten der alten Stadtmauer wirbelt Guillermo Jacob um die Tische herum – und es ist absolut beeindruckend, was für Tapas in seiner winzigen offenen Küche gleich neben der Theke gezaubert werden. Foie Gras mit Ingwereis, Sardinen auf Tomatensorbet und Schafskäse aus der Region, ein köstlicher Mini-Burger, köstliches Thunfisch-Tatar und frischer Lachs, so kunstvoll mit Ingwer in einer kleinen Dose drapiert, dass es an die Architektur des Guggenheim erinnert. Mehr als 500 Tapas hat Guillermo kreiert, seit er 2012 das kleine Tapas-Restaurant von seinem Onkel übernahm, als der sich zur Ruhe setzte. Aus einer Anwaltsfamilie kommt er, hat ein Jahr in den USA Jura studiert, gemerkt, dass das so gar nichts für ihn ist, und dann 17 Jahre in diversen Küchen gekocht. Im De Locos lässt er seiner Fantasie freien Lauf – und auch deren Präsentation. Der Salat kommt im Glas, die Tapas auf Schieferplatten, der Fisch in Sardinendöschen. Dreimal die Woche bricht Guillermo frühmorgens zum Markt von Marbella auf, denn dort gibt es sehr gute und internationale Produkte, die man in Ronda nicht finden kann. Geräucherter Lachs aus Norwegen zum Beispiel oder roter Thunfisch, den er wie alles andere versucht, auf neue Art zuzubereiten. Hingabe ist sein Motor, und dazu weht im Hintergrund Musik von Frank Sinatra, Tom Jones und auch Reggae über den schönen kleinen Platz – dem Place to Be in Ronda!

26 De Locos Adresse: Arquitecto Pons Sorolla, 7, 29400 Ronda
Tel: 0034 605 768408 Internet: www.de-locos-tapas.com
Öffnungszeiten: Montag – Donnerstag 13.00 – 16.00 Uhr und 19.30 – 23.00 Uhr,
Freitag – Sonntag 13.00 – 16.00 Uhr und 20.00 – 23.30 Uhr

CAFÉ LA FUENTE

So altertümlich Ronda ist, so zeitgemäß ist dieses Café, das nahezu Großstadtflair versprüht. Aus dem Rahmen fällt es dennoch nicht in seiner perfekten Lage an der Ponte Nuevo, der historischen Brücke, die über Rondas spektakuläre Schlucht führt. Man kann draußen am Platz sitzen oder drinnen hinter großen Glasfronten, in einer guten Auswahl internationaler Mode- und Interieur-Magazine blättern und dazu gemütlich einen Kaffee trinken oder einen frisch gepressten Saft mit zum Beispiel Birne und Honigmelone. Unter großen Glasglocken warten Schokoladenkekse, Brownies, Manchego und andere Käsesorten sowie eine der Spezialitäten des Hauses, ein saftiger Apple Crumble.
Im Café La Fuente kann man aber auch frühstücken, lunchen und zu Abend essen. Die Auswahl reicht dabei von zahlreichen vegetarischen Gerichten, Tapas und Fisch zu klassischem Roastbeef. Besonders lohnt es sich, dazu einen Tisch im dritten Stock zu reservieren, von dem aus man einen Blick über die Schlucht hat.
Gemütlich wie dieses Café von Pom und Christina Piek ist auch ihre Ronda Lodge (www.thelodgeronda.com) und ihr Hotel La Fuente de la Higuera (www.hotellafuente) vor den Toren der Stadt, beides romantische Hideaways, umgeben von sattem Grün, von kleinen Terrassen, und dazu hat man herrliche Ausblicke.

28 Café La Fuente Adresse: Plaza de España, 8, 29400 Ronda
Tel: 0034 952 877558 Internet: www.hotellafuente.com
Öffnungszeiten: Täglich 9.00 – 23.00 Uhr

CERVEZA
MOLLETE GRANDE
MOLLETE PEQUEÑO - 0'40
comersa

877 558
CRUMBLE
NATA
CREAM
PERA, PLÁTANO, MANZANA
FRESA (NARANJA) KIWI
NARANJA
FRESH FRUIT JUICES
PEAR, BANANA, APPLE, KIWI
STRAWBERRY (ORANGE 3,00)
WATERMELON JUICE
Hosgeldin
Bienvenue
Benvenuto
欢迎光临
LAIPNI LŪDZAM
Witamy!
स्वागत
어서 오세요
Bine ati venit!
TERVETULOA

misiana
HOTEL

misiana
HOTEL

HOTEL MISIANA

Hell, mit viel Weiß, Vanilletönen und unbehandeltem Holz ist das junge Hotel designt. Zuvor gehörte es der spanischen Popsängerin Ana Torroja, jetzt ist es komplett renoviert, und dabei hat man sich darauf konzentriert, was Tarifa ausmacht: die weiten Blicke über das Meer, das wunderbare Licht und die leichte Brise, die alle 14 Zimmer durchweht. Gleichzeitig wurde das schöne alte Gemäuer erhalten samt seinen bunten Mosaikböden. An den Wänden hängen Arbeiten der Kunststudenten der Arts and Crafts School of Algeciras und stehen ebenfalls für den jungen und modernen Charakter des Hauses. Die Suite im fünften und obersten Stock hat eine Dachterrasse mit tollen Ausblicken.
Das Misiana liegt mitten in Tarifas Altstadt, Cafés und Restaurants sind um die Ecke, der Hafen ist zu Fuß zu erreichen und ebenso die Strände. Da es zahlreiche Bars in der Nachbarschaft gibt, kann es auf der Straße zuweilen etwas laut werden. Fragen Sie nach einem Zimmer, das nach hinten hinausgeht.
Zwei weitere Hotels in Tarifa gehören ebenfalls zum Misiana: La Casa de la Favorita (www.lacasadelafavorita.com), in der jedes Zimmer auch eine Kochgelegenheit hat, und die Casa Blanco (www.casablanco.es) mit sieben leuchtend weißen Zimmern, die in einem alten Stadtpalais liegen.

29 Hotel Misiana Adresse: Calle Sancho IV El Bravo, 16, 11380 Tarifa
Tel: 0034 956 627083 Internet: www.misiana.com
Preise: DZ ab 60 Euro ohne Frühstück

☞ Misiana Lounge Restaurant

Direkt neben dem Misiana-Hotel liegt das gleichnamige Restaurant mit rohen Ziegelwänden, großen runden Glühbirnen und viel Holz. So modern wie das Interieur ist auch die asiatisch angehauchte Karte. Es gibt Burger mit Rotweinzwiebeln, Brie und Tomatenconfit oder aber mit Thunfisch und Wasabi, zu den Tapas gehört Tempura mit Teriyaki, es werden verschiedenste Salate angeboten und ebenso Sashimi. Man kann auch auf der Terrasse sitzen und wenn man möchte, nur einen Drink nehmen – am Wochenende beschallt von DJs.

Adresse: Calle Sancho IV El Bravo, 16, 11380 Tarifa
Tel: 0034 956 627083, Internet: www.misiana.com
Öffnungszeiten: Täglich 10.00 – 1.00 Uhr

delicatessen
Croissant with Milk Caramel
Croissant con dulce de leche
Simple
HOME MADE
Chocolat Brownie
Carrot Cake
Rations
Prawns on Garlic 7.50
Raciones
Gambas al ajillo 7.50
Pescado del dia 8.50
Albondigas de Atun 8.50
Queso Manchego 8.30
Ensaladilla de patatas 5.90
Butifarra con pimientos 6.90
Atun Ahumado 8.50
TRADITIONAL FOODS
Fish preserves
Smoked and Salted Fish
Cheeses
Cure Meats
Bread and Biscuit
Olive Oil
Honey
Jams
Cakes and Pastries
Wines and Sherries
Gifts and Books

DELICATESSEN

Mittlerweile haben Eva und Maco das zehnjährige Jubiläum mit ihrer Tapas-Bar gefeiert, die zudem Café und kleiner Delikatessenladen ist. Gegenüber der orientalisch angehauchten San-Mateo-Kirche liegt sie in der Altstadt und an einem schönen kleinen Platz, in dessen Mitte eine bilderbuchhübsche Palme aufragt. Geöffnet ist das delicatessen von März bis Oktober, denn obwohl es auch drinnen ein paar Tische gibt, sitzt man hier vor allem draußen. Auf Hockern direkt an der Hauswand entlang oder an Tischen auf dem Platz. Jeden ersten Sonntag im Monat veranstalten die beiden Freundinnen einen Flohmarkt, bei dem jeder mitmachen kann, dazu spielt Live-Jazz oder andere Musik.

Überhaupt ist alles etwas anders im delicatessen, persönlicher und eigensinniger, und auch deshalb ist man hier mit vielen Einheimischen zusammen. Serviert wird traditionelle andalusische Küche, Fisch und Tapas, warmer Ziegenkäse mit Nüssen und Honig, und besonders beliebt ist die Salmorejo, eine andalusische Gazpacho aus der Region um Córdoba, die dickflüssiger als die herkömmliche Gazpacho ist, weil sie mit viel Brot gemacht wird.

Man kann hier aber auch frühstücken, selbst Smoothies werden angeboten – mit Honigmelone, Ingwer und Minze oder allem anderen, was die Saison hergibt. Die Delikatessen, die in den kleinen Holzregalen lagern, sind ein ideales Mitbringsel. Jamón Ibérico zum Beispiel, Käse oder Weine aus der Region.

30 delicatessen Adresse: Plaza de Oviedo, 3, 11380 Tarifa
Tel: 0034 956 682908
Öffnungszeiten: Täglich 10.00 – 1.00 Uhr

Canasta
LA LIDIA
TIO PEPE
TIO PEPE
Vino de Naranja
GALLARDO
Bodegas Gallardo, S.L.
1907
GALLARDO
PEMARTIN
SOLERA PEMARTIN
OLOROSO
JEREZ
OSBORNE
PEDRO XIMENEZ
1827
Very Sweet
FINI
YBARRA
Modena
Judías con Perdiz
La Chanca
Paté de Aceitunas Verdes
VENTRESCA DE ATÚN
La Chanca
La Chanca
PATÉ DE MELVA
La Chanca
MEJILLÓN EN ESCABECHE
La Chanca
VENTRESCA DE ATÚN
La Chanca
Paté de Aceitunas Verdes
Aceite de Oliva Virgen Extra
Aceite de Oliva Virgen Extra

HC
HOTEL CLAUDE
MARBELLA

HOTEL CLAUDE

Es heißt, dass in dem Stadthaus aus dem 17. Jahrhundert einst Eugénie de Montijo, die Gattin von Napoleon III., lebte. Legende oder nicht, bis heute strahlt es Grandezza aus. Schmiedeeiserne Glaslaternen, die in maurischen Gewölben hängen, warme Farben, violette Samtsofas, blassgrüne Kanapees: Mit stilsicherem Esprit wurde die historische Kulisse modern und elegant upgedatet, fließt Altes und Zeitgenössisches perfekt ineinander. Wo immer man sich niederlässt, hat man gleich ein Coffeetable Book zur Hand, und auch sonst wird Komfort großgeschrieben.

Gerade mal sieben Zimmer sind auf mehreren Etagen verteilt, eingerichtet mit vielen liebevollen Details und als Hideaway mitten in Marbellas Altstadt. Auf diese kann man von Balkonen und der lauschig verwinkelten Dachterrasse schauen, wo auf einer kleinen Empore Gardinen wehen und der Blick bis zum Meer reicht. Sieben Jahre lang hat das Geschwisterpaar Franz-Josef und Désirée Willmes, die beide als Broker in London gearbeitet haben, das Haus renoviert. Ihr Stiefvater kaufte es in den 1970er-Jahren, und als Reminiszenz an dessen Frau Claude Devoize, eine Opernsängerin, haben sie es nach ihr benannt. Heute ist es ein Hotspot der Kreativbranche, und tritt man vor die Tür, ist man mittendrin in Marbellas Altstadt. Restaurants und Boutiquen säumen die Calle San Francisco, einer der lebendigsten Plätze, La Plaza de las Naranjas, liegt um die Ecke, und der Strand ist auch nicht allzu weit entfernt.

31 Hotel Claude Adresse: Calle San Francisco, 5, 29601 Marbella
Tel: 0034 952 900840 Internet: www.hotelclaudemarbella.com
Preise: DZ ab 280 Euro inkl. Frühstück

☞ Bistro Casanis

Ganz in der Nähe des Hotel Claude, nur kurz die Straße Richtung Meer hinunter, liegt dieses Bistro. Man kann im bunt bemalten Restaurant selbst sitzen, an den vielen Tischen die Straße entlang – und am schönsten an einem großen Tisch in einem Ladenlokal gegenüber. Die daily specials bieten, was es am Morgen auf dem Markt gab, gut und schlicht sind die Gemüse und Merluza, der Fisch des Tages, der mit Ratatouille serviert wird. Nur auf die Käseplatte sollten Sie verzichten, denn statt Spezialitäten aus der Region gibt es importierte.

Adresse: Calle Ancha, 8, 29601 Marbella
Tel: 0034 952 900450, Internet: www.casanis-restaurante-marbella.es
Öffnungszeiten: Montag – Samstag 9.30 – 24.00 Uhr

BISTROT
RESTAURANT
Casanis
LA TIEN
de Casanis

☞ La Morada Más Hermosa

Bunte Fliesen, leuchtend hellblaue und rosa Wände, schmiedeeiserne Betten und persönliches Flair: Dieses kleine Hotel mit sechs Zimmern und einer Suite ist schlicht, einfach und schön. Es liegt in perfekter Lage, direkt in einer mit Blumen geschmückten Seitenstraße mitten in der Altstadt und in der Fußgängerzone mit Restaurants und Bars, und auch das Meer ist nicht allzu weit entfernt. Manche der Räume sind klein, aber alle lauschig. Darüber hinaus vermieten die Schwestern Paloma und Magda, die das Hotel führen, auch ein Apartment in Marbella mit zwei Schlafzimmern, Dachterrasse und für insgesamt drei Personen.

Adresse: Calle Montenebros, 16A, 29601 Marbella
Tel: 0034 952 924467, Internet: www.lamoradamashermosa.com
Preise: DZ ab 65 Euro inkl. Frühstück

LA MORADA MAS HERMOSA
HOTEL

SMART
TRAVELLING

GUT ZU WISSEN

Andalusien ist groß, darum ist dieser Infoteil so klein. Hier erfahren Sie nicht alles und jedes, sondern genau das, was Sie für eine perfekte Woche brauchen. Wenige, aber genau die richtigen Informationen: Wissenswertes über die Lebensart in Andalusien, eine kleine subjektive Auswahl an Sehenswürdigkeiten, Spaziergängen und Tipps für Unternehmungen. Dazu eine Karte mit all unseren Lieblingsadressen, damit Sie nicht lange suchen müssen, sondern gleich anfangen können, Andalusien zu genießen.

ANDALUSIENS ERBE DER MAUREN

Die Mauren gaben Andalusien seinen Namen. Al-Andalus nannten sie den Teil der Iberischen Halbinsel, den sie fast 800 Jahre lang von 711 bis 1492 beherrschten. Im 8. Jahrhundert kamen sie aus Nordafrika, eroberten nahezu die gesamte Halbinsel und ließen sie aufblühen.

Bis heute zeugen die Alhambra in Granada, die Mezquita in Córdoba und viele andere Burgen, Gärten und Kunstwerke von dieser Zeit, die den Zauber von Tausendundeinernacht nach Spanien brachte. Fasziniert vom Wasser, das in der afrikanischen Wüste so rar war, bauten die Mauren

Badehäuser, Brunnen und Bewässerungsterrassen, durchzogen ihre Paradiesgärten mit Wasserspielen und Kaskaden. Gegenüber der christlichen und jüdischen Bevölkerung verhielten sich die muslimischen Herrscher tolerant, lockerten das Alkoholverbot und trieben den Weinanbau voran wie auch die gesamte Landwirtschaft, die durch Bewässerungssysteme immer ertragreicher wurde. Sie bauten Zitrusfrüchte und Obst an, Mandeln und Granatäpfel, Oliven, Baumwolle, kultivierten Maulbeerbäume zur Produktion von Seidenraupen – und förderten die Kultur.
Während der maurischen Herrschaft wurden Bibliotheken und Schulen gebaut, die Wissenschaften gefördert und die Philosophie.
Ein goldenes Zeitalter, das mit der Reconquista, der christlichen Wiedereroberung, endete. 1236 nahm König Ferdinand III. Córdoba ein, 1248 Sevilla, und endgültig endete die maurische Blütezeit, als das Königspaar Isabella von Kastilien und Ferdinand von Aragón 1492 die Alhambra übernahmen.

KULINARISCHE BESONDERHEITEN

Ibérico-Schweine

Immer wieder sieht man sie in den Eichenhainen Andalusiens stehen: die dunklen Cerdos ibéricos, iberische Schweine mit ihren schwarzen Hufen. Sie sind schlanker und flinker als herkömmliche Hausschweine und nicht für den Stall gemacht. Stattdessen leben sie halbwild in Kork- und Steineichenhainen und ernähren sich von Gras, Kräutern und Eicheln. Schon die römischen Legionäre, die sich einst in der Extremadura niederließen, züchteten sie und schätzten ihr Fleisch. Heute liefern sie den hoch gehandelten Jamón Ibérico de Bellota, eine der spanischen Spezialitäten.

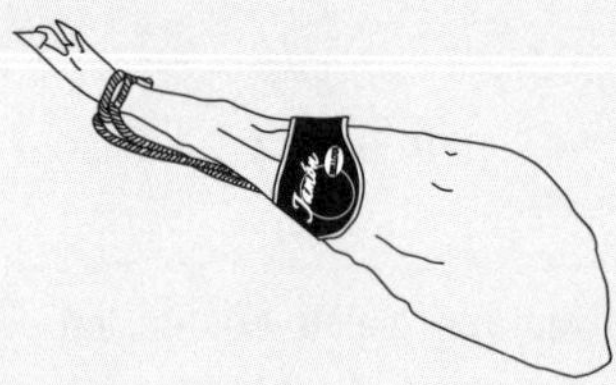

Jamón Ibérico de Bellota

Er gilt als einer der besten Schinken weltweit und hat in den letzten Jahren einen wahren Gourmet-Siegeszug hinter sich gebracht. Der Jamón Ibérico de Bellota wird wegen der

schwarzen Hufe der Schweine auch Jamón Bellota Pata Negra (Schwarzklauenschinken) genannt.
Die Kombination aus freier Haltung, schlanker Rasse und dem Futter aus Gras, Kräutern und vor allem Eicheln geben dem Fleisch seinen einzigartig vollen, buttrig-nussigen Geschmack. Die Reife- und Trocknungszeit des Bellota, der nie geräuchert, sondern immer nur eingesalzen und langsam luftgetrocknet wird, beträgt zwischen 12 und 38 Monaten. Die Herstellung ist hohen Qualitätskontrollen unterworfen, angefangen von der Aufzucht bis zur Verarbeitung.
Längst aber ist das Fleisch nicht nur als luftgetrockneter Schinken ein Gourmet-Renner, sondern wird auch gesotten, kurz gegart oder geschmort gegessen.

Olivenöl

In Andalusien werden 80 Prozent des spanischen Olivenöls hergestellt. Allein in der Provinz Jaén stehen rund 50 Millionen Olivenbäume, werden jährlich etwa drei Millionen Tonnen Früchte geerntet und aus ihnen 600.000 Liter Olivenöl gewonnen. Es ist immer kalt gepresst, etwas scharf im Geschmack, leicht bitter und sehr gesund, da die Früchte in der Region unter perfekten Bedingungen reifen. Bereits die Mauren haben die Olivenöl-Kultur im Mittelalter gepflegt. Heute gibt es allein in Jaén mehr als 400 Olivenmühlen, viele Olivenbauern haben sich zu Kooperativen zusammengeschlossen und beginnen immer stärker, die Marke „andalusisches Olivenöl“ auszubauen.

Einige gute Öle

Soler Romero

Seit 1850 verarbeitet die Familie Romero in Alcaudete Oliven zu Öl – heute unter strengen ökologischen Auflagen und besonderer Berücksichtigung der Biodiversität des Bodens. Ihr Öl, das auf dem Gutshof El Tobazo hergestellt wird, ist mehrfach ökozertifiziert und sehr hochwertig. Gerade mal zwei Stunden liegen zwischen der Ernte der Oliven und deren Verarbeitung, und so entsteht ein ökologisches Olivenöl der Güteklasse „nativ extra“.

www.soler-romero.com

Manuel Montes Marin

Preisgekrönt und eines sogar schon mal zum weltbesten Olivenöl gekürt sind die Produkte, die auf dem Landgut La Tiñosa im Naturpark der Sierras Subbéticas entstehen. Es liegt im Süden der Provinz Córdoba, sein Olivenöl ist bekannt für den leicht bitteren und sehr fruchtigen Geschmack. Für die Qualität der Produkte wird zusätzlich zu Anbau und Verarbeitung besonderer Wert darauf gelegt, dass die Mitarbeiter der Ölmühle aus der Umgebung stammen und eine gewachsene Beziehung zu dem Land, das sie bewirtschaften, haben.

www.montesmarin.com

Ziegenkäse

Ziegenkäse wird jede Menge in Andalusien serviert. Aber wie manche andere Produkte leider auch kommt er häufig aus dem Supermarkt und stammt nicht aus der Region. Eine schöne Ausnahme ist da die Quesería de la Sierra Subbética, deren Ziegen im gleichnamigen Naturpark gehalten werden. Der Betrieb hat sich der Öko-Produktion verschrieben, und der Ziegenkäse, der in verschiedenen Reifestadien angeboten wird, ist für sein besonderes Aroma bekannt.

www.losbalanchares.com

Manchego

Der spanische Hartkäse aus Schafmilch fehlt auf keiner Käseplatte. Er stammt aus der Region La Mancha, die nördlich von Andalusien liegt und berühmt für die Abenteuer des Ritters Don Quijote de la Mancha ist. Hergestellt wird der Manchego aus pasteurisierter Milch der Manchega-Schafe, wird er aus Rohmilch gemacht, trägt er die Bezeichnung Manchego Artesano. Weißgolden ist er, mit geriffelter Rinde, und sein Geschmack variiert – je nach Reifegrad – von frisch-säuerlich bis nussig-weich.

Gazpacho

Wunderbar erfrischend, süffig und häufig im Glas serviert: die kalte Suppe aus rohen Gemüsen ist ein Klassiker. Tomaten, Paprika, Salatgurke und Knoblauch gehören zu den festen Bestandteilen, die püriert und mit Wasser vermengt werden. Ein leichtes Gericht ist die Gazpacho nicht unbedingt: Weißbrot und eine ordentliche Menge Olivenöl gehören ebenfalls zu den Zutaten.

Ajoblanco

Er ist quasi der Vorläufer der Gazpacho, den die Mauren im Mittelalter nach Andalusien brachten. Schneeweiß ist der Ajoblanco, wird mit Mandeln, eingeweichtem Weißbrot und Knoblauch zubereitet und in Málaga zusammen mit Trauben gegessen. Ganze Festivitäten wie die Fiesta del Ajoblanco in Almáchar drehen sich um die kalte Suppe, die allerdings wesentlich seltener als die Gazpacho auf der Speisekarte zu finden ist.

Horchata

Die Erdmandelmilch ist eines der Erfrischungsgetränke in Andalusien. In Eisläden wird sie ebenso serviert wie in Cafés und Restaurants, und häufig wird sie noch selbst hergestellt. Dazu werden Chufas, wurzelähnliche kleine Erdmandeln, zu einer sämigen Masse zerkleinert, die mit Wasser aufgefüllt und häufig mit Zitronensaft verfeinert wird. Reich an Vitaminen und Ballaststoffen, ist die Horchata ein wahrer Energiespender. Aber ein kalorienreicher dazu, denn der nahrhafte Mandeldrink enthält 25 Prozent Fett.

KLEINE TAPASKUNDE UND -KULTUR

„Tapa" bedeutet auf Deutsch „Deckel" – und früher nahm man dafür eine Brotscheibe, die man auf sein Glas legte, um den Inhalt vor Insekten zu schützen. Manchmal gab es Oliven dazu, um das Brot zu beschweren – aber wann genau man damit begann, zu Brot und Oliven zusätzlich Jamón Ibérico oder Manchego zu servieren, ist nicht bekannt. Eng verbunden sind die Tapas auf jeden Fall mit der andalusischen Sherry-Kultur, in der das Brot ebenfalls dazu diente, das Aroma des abgedeckten Sherrys zu bewahren.

Heute legt niemand mehr Brotscheiben auf seinen Sherry, die Tapas-Kultur aber steht in voller Blüte.

Oft werden die Appetithäppchen in gläsernen Vitrinen präsentiert, aus denen man sich eine Auswahl zusammenstellen kann. Man isst sie am besten im Stehen an der Bar und trinkt dazu Bier, Wein oder Sherry.

Die besten Tapas

Boquerones fritos:
frittierte Sardellen

Albóndigas:
Hackfleischbällchen

Queso manchego:
Schafskäse aus La Mancha

Dátiles con tocino:
Datteln im Speckmantel gebraten

Pimiento morrón con anchoas:
Brot belegt mit Paprika und Anchovis

Pimientos de Padrón:
kleine grüne frittierte Paprikaschoten

Patatas bravas:
frittierte Kartoffelwürfel in scharfer Soße

Arroz negro:
Tintenfisch und Reis, manchmal noch mit Shrimps und alles pechschwarz mit Sepia-Tinte eingefärbt

JEREZ, SPANISCHER SHERRY

Die Kombination ist perfekt: Sonnenschein, kalkhaltige Böden sowie die Nähe zum Atlantik sind die Komponenten, die die Palomino-Traube, eine alte weiße Rebsorte, braucht, und den Sherry aus Jerez zu einem der besten weltweit machen.

Bereits 1100 v. Chr. sollen die Phönizier die ersten Rebstöcke der Palomino-Traube, die sich durch ihre späte Reife auszeichnet, nach Spanien gebracht haben. Sie stellten bereits aus Trauben Wein her, doch war dieser nicht mit seiner heutigen Qualität vergleichbar. Die verdankt er den Mauren, die seit dem 8. Jahrhundert die Sherryproduktion ständig verfeinerten.

Mehr als 60 Bodegas widmen sich bis heute der langwierigen Produktion des Weines. Nach seiner Fermentation wird entschieden, für welche Art von Sherry die Trauben am besten geeignet sind, ob als Fino, Amontillado oder Oloroso. Dann wird der Wein in Eichenfächer abgefüllt und in Soleros, Fassreihen, eingeordnet, die von größter Wichtigkeit sind.

Seit dem 18. Jahrhundert garantiert dieses pyramidenförmige System die hohe Qualität. Die 600-Liter-Fässer sind so gestapelt, dass in der untersten Reihe der älteste Sherry lagert und die Jahrgänge nach oben hin immer jünger werden. Für den Verkauf dürfen maximal 40 Prozent des Sherrys aus einem Fass entnommen werden, und zwar ausschließlich aus der bodennahen Solero. Die jeweils entnommene Menge wird aus den darüberliegenden Fassreihen wieder aufgefüllt, bis zur obersten Lage.

Heute werden in Jerez de la Frontera, Sanlúcar de Barrameda und El Puerto de Santa María die unterschiedlichsten Sherrysorten hergestellt, von hellen, die in der Regel trocken und elegant sind, bis zu dunklen, süßsüffigen Sorten.

Fino

Mindestens drei Jahre hat der Fino in der Solero, der untersten Fassreihe, gereift, ist leuchtend gelb und hell. Spanier trinken ihn zu Suppen, Fisch und Meeresfrüchten. Es gibt ihn in den Kategorien „dry“, „very dry“ oder „very pale dry“.

Amontillado

Ebenfalls ein Fino, aber kräftig in Farbe und Geschmack. Sein besonderes Aroma bekommt er dadurch, dass er in zwei Abschnitten reift. Stirbt die natürliche Hefe nach einer gewissen Reifezeit ab, reift er unter Sauerstoffeinfluss weiter. Amontillado wird leicht gekühlt getrunken, und das gerne zu Käse und Fleischgerichten.

Manzanilla

Dieser Fino reift ausschließlich in den Bodegas des Hafenörtchens Sanlúcar de Barrameda. Dort bekommt er sein außergewöhnliches, dezentes Meersalz-Aroma. Nach besonders langer Reife dunkelt er zum Manzanilla Pasada mit einem ausgeprägt kräftigen Geschmack nach. Besonders beliebt zu Tapas und Wein.

Oloroso

Da dem Oloroso Branntwein hinzugefügt wird, hat er, im Gegensatz zum circa 15-prozentigen Fino, einen Alkoholgehalt von bis zu 20 Prozent. Er ist halbtrocken, sattbraun und vollmundig-nussig. Gekühlt wird er zu Tapas, Schinken und Käse serviert. Wird ihm Pedro-Ximénez-Wein oder Traubenmost beigefügt, wird er zum fruchtigen Oloroso Cream und in gefilterter blasserer Variante zum Oloroso Pale Cream.

Pedro Ximénez

Lieblich, mit einer Süße, die an Rosinen erinnert, ist er berühmt für seine vielfältigen Aromen. Er wird aus getrockneten Pedro-Ximénez-Trauben hergestellt und zu Desserts oder herzhaftem Käse gereicht.

Tinto de verano

Der „Sommer-Rotwein" ist ein Mix-Getränk, von manchen auch durchaus als Pansch-Getränk tituliert, das erfrischend und süffig ist und eigentlich nur vor Ort schmeckt. Aber dort ist es köstlich. Dafür wird Rotwein mit Zitronen- oder Orangenlimonade gemischt und mit Eiswürfeln serviert. An heißen Sommertagen ist der Tinto de verano wesentlich verträglicher als purer Rotwein, aber durchaus nicht zu unterschätzen. Denn er schmeckt zwar leicht, wird zu Tapas und anderen Mahlzeiten getrunken – doch sein fruchtiger Geschmack täuscht über den tatsächlichen Alkoholgehalt hinweg.

DAS SOLLTEN SIE SICH ANSCHAUEN

Málaga

Stierkampfarena La Malagueta

Inmitten von Hochhäusern liegt eine der größten Stierkampfarenen Spaniens, 1874 von Joaquín Rucoba erbaut. 14.000 Menschen finden in dem 16-eckigen Bau Platz, der christliche und maurische Formen zitiert und mittlerweile zum kunsthistorischen Denkmal erklärt wurde. 50 Meter Durchmesser hat die Arena, und vor allem im August, dem Monat der Volksfeste, finden hier zahlreiche Stierkämpfe statt.

Wenn man das blutige Spektakel nicht live miterleben möchte, kann man im Stierkampfmuseum, benannt nach dem berühmten Torero Antonio Ordóñez, die Tradition des Stierkampfs studieren.

Paseo Reding, 8
29016 Málaga
Tel: 0034 952 221727
Montag – Freitag 10.00 – 13.00 Uhr
und 17.00 – 20.00 Uhr

Sevilla
Kathedrale von Sevilla
„Lasst uns eine Kirche bauen, so grandios, dass jene, welche sie vollendet sehen, uns für von Sinnen halten", haben die Kirchenhäupter Anfang des 15. Jahrhunderts beschlossen – und Wort gehalten. Auf dem Grund einer Moschee begannen sie 1402 mit dem Bau einer der größten Kirchen der Menschheit. Wie eine Stadt in der Stadt thront die Kathedrale im Zentrum von Sevilla, mit einem Orangenhof, mit Spitzentürmchen und Kapitellen, ist mit ihren 116 Metern Länge die größte gotische Kathedrale und ein Wunderwerk aus islamischer Baukunst und christlicher Kathedrale.
Ihre 94 Meter hohe Giralda ist das Wahrzeichen Sevillas. Zwischen 1184 und 1196 wurde sie als Minarett der Moschee errichtet und bekam 1400 ein Kreuz auf die Spitze gesetzt. Man kann den Turm besteigen und hat von dort aus einen schönen Blick auf die Stadt.
In der Kathedrale selbst empfängt einen eine Flut spätgotischer Bögen, dort ist ein Sarkophag mit den angeblich sterblichen Überresten von Kolumbus aufgebaut, und es erstrahlt ein Hochaltar mit vergoldetem, gotischem Schnitzwerk. An dem allerdings klebt Blut: Abgebaut wurde das Gold in Spaniens lateinamerikanischen Kolonien, wo die unterdrückte Bevölkerung in Schächten und Stollen für die Kolonialherren schuftete und dabei massenhaft starb.

Avenida de la Constitución, s/n
41080 Sevilla
www.catedraldesevilla.es
Im Sommer: Montag – Samstag
9.30 – 16.00 Uhr, im Winter: 11.00 – 17.00 Uhr, Sonntag 14.30 – 18.00 Uhr
(sonntags freier Eintritt)

Parque de María Luisa

Die Sevillaner lieben ihren Park – und das nicht nur an heißen Sommertagen, wenn die Temperaturen regelmäßig über 40 Grad klettern. Sonntags machen sie sich schick, flechten ihren kleinen Töchtern Schleifen ins Haar, stecken die Jungs in steif gebügelte Shorts und flanieren die breiten Avenidas entlang. Sie spazieren durch die Laubengänge, lassen sich an den Brunnen und Kaskaden nieder oder auf dem Rasen. Nach Schildern, die das Betreten der Grünflächen verbieten, sucht man hier vergeblich. Inmitten der 100-jährigen Orangenbäume, der Palmen, Magnolien, der duftenden Jasminsträucher und des blühenden Oleanders, der Zypressen und Myrten kann man sich wunderbar verlieren, und die Stadt rückt plötzlich in weite Ferne.

Zu verdanken hat Sevilla sein grünes Kleinod der Infantin María Luisa, deren Namen der Park heute trägt. Mitte des 19. Jahrhunderts von den Grafen von Montpensier angelegt, übergab die Infantin die Hälfte des riesigen Gartengeländes später dem Volk und ließ das Areal mit Promenaden, Seen, Brücken und Wasserspielen ausstatten. Immer wieder werden allerdings Proteste laut, dass die beiden großen Parkpromenaden bis heute nach zwei blutrünstigen Eroberern benannt sich: Hernán Cortés, der die Azteken aufs Niederträchtigste niedermetzelte, und Francisco Pizarro, der Gleiches mit den Inkas tat.

Im Park befindet sich auch die Plaza de España, die 1929 erbaut wurde und nicht nur prachtvoll, sondern auch ein Hollywood-Star ist. Szenen aus „Lawrence von Arabien“ und „Star Wars“ wurden hier gedreht.

Perfekt ist der Park auch zum Joggen.

Avenida de la Palmera s/n,
41013 Sevilla
Täglich 9.00 – 22.00 Uhr

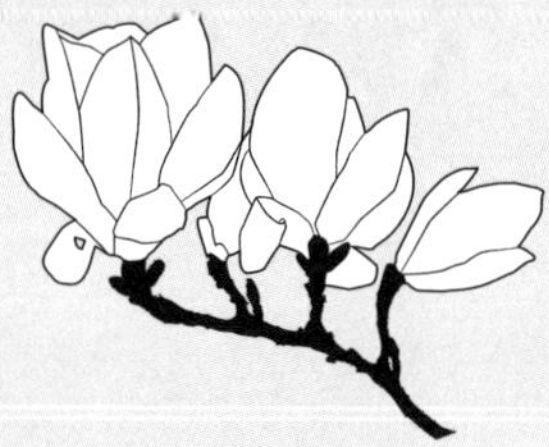

Alcázar

Der Königspalast von Sevilla ist eine wunderschöne Anlage, ein mittelalterlicher Palast, der auf ein maurisches Fort aus dem 9. Jahrhundert zurückgeht. Unter König Pedro I. im 14. Jahrhundert ausgebaut, zählen die maurischen Ursprünge zu den schönsten Beispielen der Mudéjar-Architektur, in der die islamischen Einflüsse deutlich zu sehen sind. Wunderbare Ornamente, verzierte Säulen, elegante Bögen und Wasserspiele sind wie ein Traum aus Tausendundeinernacht und werden kontrastiert von bunten Wandgemälden. Besonders beeindruckend sind auch der Salón de los Embajadores, der Saal der Gesandten, die Patios und die wunderschöne Parkanlage. Interessant aber ist auch der Mix verschiedener Baustile, denn später kamen noch gotische Elemente dazu.

Patio de Banderas, s/n,
41004 Sevilla
www.alcazarsevilla.org
Oktober – März: Täglich 9.30 – 17.00 Uhr, April – September: Täglich 9.30 – 19.00 Uhr

Itálica Sevilla

In Alcalá del Rio, acht Kilometer von Sevilla entfernt, fand 206 vor Christus die entscheidende Schlacht von llipa statt, in der Römer gegen Karthager kämpften. Die Römer gewannen und gründeten dort die erste römische Siedlung im Süden der Halbinsel. Julius Caesar räumte den Bürgern von Sevilla die gleichen Rechte wie seinen Landmännern ein. In der Blütezeit Itálicas, in der dort auch die Kaiser Trajan und Hadrian geboren wurden, war die Siedlung von großen Straßen durchzogen, die die einzelnen Stadtteile verbanden. Prächtige Villen wurden gebaut, wunderschöne, bis heute zum Teil noch erhaltene Mosaike gelegt. Man kann das imposante Amphitheater besichtigen, in dem bis zu 25.000 Menschen Platz fanden, Ruinen der Villen und Thermen sind zu sehen und das fortschrittliche Wasser- und Kanalisationsnetz. Die archäologischen Ausgraben, die 1751 begannen, gehen bis heute weiter, und 1989 wurde die Anlage zum archäologischen Denkmalkomplex erklärt.

Avenida Extremadura, 2,
41970 Santiponce (Sevilla)
Tel: 0034 955 998028
April – September: Dienstag – Samstag 8.30 – 20.30 Uhr, Oktober – März: Dienstag – Samstag 9.00 – 17.30 Uhr, Montag geschlossen (der Eintritt für EU-Bürger ist frei)

Granada

Natürlich ist die Alhambra die Hauptattraktion Granadas (siehe Seite 39), aber es lohnt durchaus, sich auch etwas Zeit für andere Orte der Stadt zu nehmen.

Stadtviertel Albaicín

In Granadas ältestem Stadtviertel

Albaicín taucht man in eine andere Welt ein. Weiß getüncht sind viele der Häuser, und kleine Gassen schlängeln sich den Berg hinauf. Während der Herrschaft der Mauren (711 – 1492) lag auf dem Bergrücken das Zentrum der Stadt – und bietet bis heute die schönsten Blicke auf die Alhambra.

Einst lebten hier 40.000 Muslime, es gab öffentliche Bäder und 30 Moscheen. Doch nach der Eroberung Granadas durch die Christen wurden die Muslime vertrieben, die Moscheen zerstört und auf ihren Brandmauern Kirchen errichtet.

Seit den 1970er-Jahren zogen viele der Bewohner in die Vorstädte, und die Muslime kehrten zurück. Heute führt die Basarstraße Caldereria Nueva am Fuße des Albaicín entlang, Teterías, arabische Teestuben, haben ihre Türen geöffnet, und seit 1994 gehört das Stadtviertel zum Weltkulturerbe der UNESCO.

Längst gibt es auch wieder viel Touristen-Nepp, am besten starten Sie an der Santa Ana und lassen sich durch die Gassen treiben. Werfen Sie einen Blick auf das schöne Grün und die Palmen, die, wie in den Städten Nordafrikas, hinter Mauern und Spitzbögen wachsen. Hoch oben liegt das Restaurant Las Tomasas (siehe Seite 43) mit einem tollen Blick auf die Alhambra. Kehren Sie dort ein. Oder lassen Sie sich wie die Einheimischen auf einer Bank oder Mauer nieder, um den Sonnenuntergang zu genießen.

Museo San Juan de Dios

Versteckt hinter einer gotisch angehauchten Fassade liegt dieses kleine Museum im einstigen Stadtpalais der Familie Pisa und widmet sich dem heiligen San Juan de Dios. 1495 wurde er in Portugal geboren, war Soldat und Buchhändler und spürte erst spät die Berufung Gottes. Dann aber umso bedingungsloser. Nachdem er, bereits 40 Jahre alt und wohlhabend, einer Predigt des Johannes von Ávila gelauscht hatte, verschenkte er seinen gesamten Besitz, um sich ganz der Sache Gottes zu widmen. Er wurde für verrückt erklärt, landete im Irrenhaus und wurde schwer gefoltert, sein Glaube aber festigte sich umso stärker. Nach seiner Freilassung widmete er sich den Ärmsten der Armen, nahm sie auf, pflegte sie und begleitete sie bis in den Tod. Er wurde zum Heiligen erklärt, und sogar ein Wunder soll ihm widerfahren sein: Als er 1549 Kranke aus einem brennenden Lazarett barg, blieb er inmitten der lodernden Flammen unverletzt. Als er wenig später einen ertrinkenden Jungen aus den Fluten eines Flusses rettete, wurde ihm dies zum Verhängnis. Vom Fieber geschüttelt, erkrankte er schwer und starb bald darauf im Stadtpalais der Familie Pisa, die ihn zur Pflege aufgenommen hatte. Vor seinem Bett kniend, betend und mit einem Kreuz in den Händen soll er gestorben sein und noch nach seinem Tod diese Haltung beibehalten haben. So fanden die Pisas ihn, und in dieser Pose ist er an selber Stelle heute in einer naturalistischen Skulptur des Bildhauers Francisco Simón zu sehen. Er starb am 18.3.1550, seinem 56. Geburtstag. Ausgestellt sind ebenfalls eine Sammlung von Jesus-Skulpturen und afrikanische sowie südamerikanische Kunst.

Das Museum, das an ein Seniorenheim grenzt, ist nur mit einer Führung zu besuchen.

C/Convalecencia, 1,
18010 Granada
www.museosanjuandedios.es
Montag – Samstag 10.00 – 13.30 Uhr
(Die Führung dauert ca. 45 Minuten.)

Die Puente Viejo, „Alte Brücke", bietet eine schöne Aussicht auf die berühmte Mezquita. Mit 16 Bögen führt sie über den Guadalquivir, und auf ihrer Mitte befindet sich eine Statue des Erzengels Raphael aus dem 17. Jahrhundert. Die Brücke, die auch Römische Brücke genannt wird, wurde nach der Schlacht von Munda 45 vor Christus von den Römern errichtet und war Bestandteil der Via Augusta, mit 1500 Kilometern die längste Straße Roms, die von der dortigen Via Domitia bis zum heutigen Cádiz verlief. Im 10. Jahrhundert wurde sie von den Kalifen restauriert und nach der Reconquista, der Rückeroberung Spaniens durch die Christen, mehrfach ausgebessert.

Ronda
Auf den Spuren von Rainer Maria Rilke

Ronda ist berühmt für seine schwindelerregende Lage auf einem Felsplateau der Sierra Bermeja – und dafür, dass sich der große Dichter Rainer Maria Rilke (1875–1926) dort Ende 1912 für zwei Monate aufhielt. Nachdem sein Roman „Die Aufzeichnungen des Malte Laurids Brigge" erschien, reiste er erst nach Italien, dann nach Spanien und stieg in Ronda in der Nobelherberge Hotel Reina Victoria ab. Bis heute kann man sein dortiges Zimmer besichtigen. Fragen Sie den Portier nach dem Schlüssel, er rückt ihn bereitwillig heraus, und dann kann man sich in Ruhe umschauen. An der Zimmertür empfängt einen ein Porträt Rilkes, drinnen sieht man Schreibtisch, Sessel, Bücherschrank und den Kamin, dessen Rauch Rilke nicht vertrug, weshalb er schließlich Hals über Kopf abreiste.

Und das, obwohl er über die Stadt sagte, dass sie für ihn „die spanischste aller Ortschaften" sei und „phantastisch und überaus großartig". Geplagt von seinem aufgewühlten Inneren schrieb er, „der Fluß in seinem schluchtigen Abgrund spiegelt die zerrissenen Lichter des Himmels, aber auch mein Innerstes wider". Er unternahm lange Spaziergänge, besuchte gelegentlich die Grafenfamilie Villalonga und verbrachte ganze Tage im Garten des Hotels „ausgestreckt in einem Klappstuhl, ohne das Mindeste zu unternehmen". Heute steht dort ein Rilke-Denkmal, das ihn in Bronze und mit einem Buch in der Hand zeigt.

Calle Jerez, 25,
29400 Ronda
Tel: 0034 952 871240

Tajo Ronda

Rondas berühmte Schlucht ist mehr als 1000 Meter tief, führt mitten durch das Städtchen, und tief unten im Tal windet sich der Río Guadalevín entlang. Rund um das Parador-Hotel, das direkt über der Schlucht liegt, führt ein Fußgängerweg zum Aussichtspunkt Mirador de Aldehuela. Seit Anfang des 18. Jahrhunderts wird die Schlucht von der eindrucksvollen Puente Nuevo, einer mehrbögigen Brücke, überspannt. Zwei ältere Brücken, die Puente Viejo und die Puente Árabe, führen tiefer im Tal hinüber.

Plaza de España, s/n,
29400 Ronda
www.parador.es/de/parador-de-ronda

Ronda von unten

Diesen Blick auf das spektakulär gelegene Ronda sollte man sich nicht entgehen lassen. Am besten spaziert man dafür aus dem südlichen Teil der Altstadt in die Flusssenke des Guadalevín. Ein weithin überschaubarer Weg, der in eine Asphaltstraße mündet, führt hinunter bis an den Fuß der Felsformation. Um die 45 Minuten dauert ein Abstieg, aber der Aufstieg ist nicht zu unterschätzen. Man kann aber auch mit dem Auto hinunterfahren. Schlängeln Sie sich dafür durch die Altstadt und immer Richtung Tal.

Casa del Rey Moro und Mina de Aqua

Von den Gärten des Stadtpalastes, der Casa del Rey Moro, führt ein aufwendiges Treppensystem 60 Meter in die Tiefe hinab. Ein maurischer König ließ die Treppen im 14. Jahrhundert ins Innere des Felsens treiben, und sie führen zur Mina de Agua, einer Wassermine, die Brunnen und Verteidigungsanlage zugleich war. Maurische Schönheit und verwitterter Charme erwarten einen dort – und beeindruckende Blicke auf die Schluchtenlandschaft.

Die Gärten der Casa del Rey Moro, von denen aus man zur Wassermine hinuntersteigt, wurden als hängende Gärten von dem berühmten französischen Landschaftsarchitekten Jean Claude Nicolas Forestier entworfen, und bis heute ist ihr Originalkonzept bis ins Detail erhalten. Wie auch sonst oft in der Architektur Andalusiens zu sehen, vermischen sich in den hängenden Gärten maurische und europäische Einflüsse. Säulengänge treffen auf Beete, verschiedenste Düfte ziehen durch die Paradiesgärten, und dazu blühen Palmen, Oleander, Lorbeer- und Zedernbäume und Myrte. Besonders sind auch die Ausblicke auf den Tajo und die umliegenden Berge.

Calle de Santo Domingo, 9
29400 Ronda
Tel: 0034 952 187200
April – Oktober: 10.00 – 20.00 Uhr,
November – März: 10.00 – 18.30 Uhr

Plaza de Toros de Ronda

Der Stierkampf hat seinen Ursprung in Ronda. Im 18. Jahrhundert wurden dort die Regeln für die Corrida aufgestellt, an der anfangs einzig Adlige teilnehmen durften. In Spaniens ältester Stierkampfarena, 1785 in Ronda eröffnet, kämpften sie mit Lanzen, Spießen und Schwertern gegen das chancenlose Tier.

Später stiegen ehemalige Reitknechte in die Arena und trat die Familie Francisco Romera in Ronda auf den Plan, die den Stierkampf zur blutgetränkten Kunst erhob. In einem dreiteiligen Drama mit festgelegten Abläufen wird der Stier erst von Picadores mit Lanzen traktiert, die sie in seinen Rücken stoßen. Da-

nach schwenken Capeadores ihre Tücher, Banderilleros stechen bunt geschmückte Spieße in den Nacken, und schließlich tritt der Matador auf, um dem Tier den Todesstoß zu versetzen.
Wer dabei zuschauen möchte, kann das in der Stierkampfsaison zwischen April und Oktober.
Unter den Tribünen der Arena befindet sich ein Stierkampfmuseum, das die Geschichte des Kampfes erzählt.

Calle Virgen de la Paz, 15
29400 Ronda
Tel: 0034 952 871539
www.rmcr.org
Museum und Stierkampfarena:
Täglich, im Sommer: 10.00 – 20.00 Uhr, im Winter: 10.00 – 18.00 Uhr

Cueva de la Pileta nahe Ronda
Ein Besuch der Höhlengänge, die durch die Cueva de la Pileta führen, ist ein Erlebnis. Etwa 30 Kilometer von Ronda entfernt liegt die Höhle, die 1905 vom Großvater des heutigen Besitzers entdeckt worden war. Auf der Suche nach Vogel- und Fledermauskot, um damit seinen Garten zu düngen, stieß er auf die Höhle und fand in ihrem Innern kleine schwarze Strichmuster an den Felswänden, die 1912 den Paläontologen Abbé Breuil anlockten, der das Höhlensystem untersuchte. Weitere Forscher folgten, entdeckten einen weiteren, leichter zugänglichen Eingang – und Höhlenzeichnungen, die mehr als 25.000 Jahre alt sind. Herausragend sind die Tierbilder, zu denen ein Pferdekopf, Stierhörner und eine Hirsch-Darstellung gehören. In der Sala de la Reina Mora, dem Saal der Maurenkönigin, sieht man einen Bogenschützen und in der Sala del Pez, dem Saal des Fisches, eine bislang einmalige prähistorische Darstellung eines Fisches. Dazu gibt es beeindruckende Stalagmiten und Stalaktiten. Wie die einstigen Steinzeit-Bewohner zwängt man sich durch schmale, schwach beleuchtete Höhlengänge und kann die einzigartigen Artefakte begutachten. Das ist nur mit einer Führung möglich, die ungefähr eine Stunde dauert.

Benaoján, Familie Bullón
Tel: 0034 952 167343
www.cuevadelapileta.org
Täglich, April – Oktober: 10.00 – 13.00 Uhr und 16.00 – 18.00 Uhr, November – März bis 17.00 Uhr (Die Führung dauert ca. 60 Minuten.)

Metropol Parasol Sevilla

Die Bewohner der Stadt pflegen eine Hassliebe zur weltgrößten Holzkonstruktion, dem Metropol Parasol, dem sie den Spitznamen Las Setas, die Pilze, verpasst haben. Denn aus sechs von ihnen, die organisch ineinanderfließen, besteht die spektakuläre Architektur von Jürgen Mayer H., die inmitten der Altstadt auf der Plaza de la Encarnación sprießt. 2005 hat der deutsche Architekt sie entworfen, 2011 waren die Bauarbeiten nach langen Verzögerungen abgeschlossen – und einerseits leuchten die Bewohner vor Stolz angesichts des berühmten Bauwerks, andererseits verschlingt es immer noch viele Euros, da das Holz in der Sonne „arbeitet“ und immer wieder kostenintensive Restaurationen anfallen. Dabei hatte Jürgen Mayer H. gerade auch ein Schatten spendendes Monument im Sinn und dazu die Dachwellen der berühmten Kathedrale Sevillas und die Wasserfontänen auf dem Expo-Gelände. Sie inspirierten ihn zu der Konstruktion, die ganze 150 Meter lang, 70 Meter breit und 26 Meter hoch ist und in der sowohl eine Markthalle als auch eine archäologische Ausgrabungsstätte untergebracht sind, dazu Aussichtsterrassen, Cafés und Restaurants.

Sonnendach, ikonisches Bauwerk und Veranstaltungsort ist der preisgekrönte Metropol Parasol – und schön ist es, um ihn herum zu flanieren und die immer wechselnden Ansichten zu genießen.

Puente del Alamillo in Sevilla

Die Alamillo-Brücke von Santiago Calatrava, die den Fluss Guadalquivir in Sevilla überspannt, ist eines der modernen Bauwerke der Stadt, die zur Expo 1992 entstanden – und das aufsehenerregendste. Bei seinem Entwurf hat der spanische Architekt sich von der Natur inspirieren lassen, fliegende Kraniche als Vorbild genommen und daraus die erste Schrägseilbrücke der Welt entwickelt, die keine Rückenverankerung hat. Sie besteht im Wesentlichen aus Stahl und Spannbeton, und ihr herausragendes Merkmal ist ein 142 Meter hoher und schräger weißer

Pfeiler, von dem aus sich 26 Stahlseile spannen. Der Neigungswinkel des Pylons mit seinen 58 Grad entspricht dem der Cheops-Pyramide in Gizeh und ist absolut beeindruckend.

Gebaut wurde die Brücke zwischen 1987 und 1992, sie ist 250 Meter lang und hat zwischen den Fahrbahnen, ähnlich wie bei der New Yorker Brooklyn Bridge, einen höher gelegenen Geh- und Radweg. Es lohnt sich ein Spaziergang mit tollen Aussichten auf die Architektur und die Stadt.

ÜBERDACHTE STRASSEN

Im Sommer, wenn die Temperaturen in Andalusien regelmäßig über 40 Grad steigen, werden viele Einkaufsstraßen mit Tüchern überspannt. Wie ein helles Sonnendach hängen sie zwischen den Häuserschluchten und sorgen für eine besondere, wunderbar gedämpfte Atmosphäre. Leider werden manche mittlerweile von internationalen Firmen gesponsert und als Werbeflächen missbraucht. Vielerorts aber haben sie sich ihren Charme bewahrt.

SIESTA

Die Siesta in Spanien ist lang. Auch wenn die Regierung die staatlich verordnete mittägliche Schließung der Geschäfte wegen der Wirtschaftskrise 2012 abgeschafft hat, lebt die Tradition abseits der Touristenhochburgen weiter. Spätestens um 14 Uhr rattern die Rollläden herunter, dann sind die Straßen ausgestorben, die Geschäfte geschlossen und die Restaurants auch – und machen gegen 16 Uhr wieder auf. Und das ist oftmals nur die Kernzeit, es kann durchaus vorkommen, dass sich der ein oder andere Ladenbesitzer etwas mehr Zeit für das Mittagsschläfchen nimmt. Schließlich hat die Siesta eine lange Tradition, die entstand, weil das Arbeiten während der Mittagshitze viel zu anstrengend ist. Zum Ausgleich schließlich haben Geschäfte am Abend länger geöffnet. Auch etablierte sich die Siesta während des Spanischen Bürgerkriegs (1936–1939), als viele Spanier einen Job morgens und einen nachmittags hatten, um die Familie ernähren zu können, und dazwischen eine längere Pause zum Essen und Ausruhen einlegten.

SEMANA SANTA

Die Karwoche Semana Santa ist der Höhepunkt religiösen Lebens in Andalusien. Bei festlichen Prozessionen, die am Palmsonntag beginnen und am Ostersonntag enden, ziehen zahlreiche Bruderschaften durch die Städte. Dabei tragen sie riesengroße Pasos, Darstellungen der Jungfrau Maria und Jesu, auf Holzgestellen durch die Gassen. Bis zu 50 Männer stemmen sie, und dazu spielen Kapellen, und von Balkonen werden Ständchen gebracht. Ein beeindruckendes Spektakel, das vor allem in Sevilla, Granada, Málaga und anderen großen Städten ein Erlebnis ist.

WALLFAHRT NACH EL ROCÍO

Es ist die größte Wallfahrt der Christen, die um Pfingsten in der Provinz Huelva stattfindet. Nahezu eine Million Menschen pilgern dann nach El Rocío – auf Pferdewagen, Pferden oder zu Fuß – und besuchen die Wallfahrtskirche am Rand des Naturschutzgebiets Doñana. Der Zug der Pilger wirkt wie ein wogendes Meer aus Farben. Die Pferde sind geschmückt, die Pilger tragen bunte Trachten und Sombreros, haben ihre Esel- und Ochsenkarren über und über mit Blumen und Girlanden behangen, und während sie nach El Rocío ziehen, stimmen sie immer wieder melancholische Gesänge an.

FLAMENCO

Um den so energetischen wie melancholischen Tanz und Gesang ranken sich zahlreiche Legenden. Er entwickelte sich wohl ab Ende des 15. Jahrhunderts im südwestlichen Andalusien – und verbindet traditionelle Zigeunermusik mit arabischen, jüdischen und auch altindischen Weisen. Schlüssig scheint, dass der Flamenco, der anfangs nur aus dem „cante", Gesang, bestand, ein Ventil für die Roma und Sinti war, die Andalusien Ende des 15. Jahrhunderts erreichten und nicht willkommen waren. Von der Gesellschaft ausgestoßen, diente er ihnen zur Kompensation. Bei ihm wurden freie Gedanken über das ungerechte Leben in klagende, aber vor allem auch aufbegehrende Gesänge gefasst, begleitet von Fingerschnippen und Klatschen. Geprägt ist der Flamenco von Spontaneität und Improvisation, später kam der Tanz hinzu. Bis heute wird die Tradition in „peñas", örtlichen Vereinen, gepflegt. Er hat Stars wie den Flamencogitarristen Paco de Lucia und Tänzer wie Joaquín Cortés hervorgebracht und ist mittlerweile zu fast 20 unterschiedlichen Gesangs- und Tanzformen angewachsen. Zwischen Cádiz, Sevilla und Granada wird aber immer noch die traditionelle Form des Flamencos gepflegt. Dazu gehören ein Sänger und ein Gitarrist – und ein Tanz, der einem strengen Regelwerk mit einer meist vierstrophigen Gesangsdarbietung folgt.

SOMBRERO CORDOBÉS

Der Sombrero bezeichnet im Spanischen einen Hut, das Wort ist abgeleitet von „sombra", was Schatten bedeutet. Eine besondere Variante des Sombreros ist der Sombrero cordobés, der aus dem andalusischen Córdoba kommt. Es ist ein flacher, runder Hut mit einer circa acht Zentimeter breiten Krempe und einem zehn Zentimeter hohen Kopf. Klassisch besteht er aus Wollfilz und ist meistens schwarz. Heute gibt es aber auch billigere Varianten aus Kunstfaser-Filz, und er wird auch in mehreren Farben hergestellt. Getragen wird er beim Flamenco und von reitenden Toreros.

AZULEJOS

Wunderschön, kunstvoll und bunt sind die Azulejos, die Mosaike, die vor allem aus quadratischen Keramikfliesen gelegt sind. Man findet sie auf dem Gehweg, auf Plätzen, in Kirchen, Palästen und an Hausfassaden, oder sie wurden an Zimmerwänden zu Wandbildern zusammengefügt. Die Palette der Motive ist groß. Es gibt Schiffe, Vögel, Blumen und andere Naturdarstellungen, oft werden sie aber auch, ein Erbe der Mauren, zu traditionellen orientalischen Ornamenten arrangiert. Der Name Azulejo leitet sich vom arabischen „al zulaij" ab, was kleiner polierter Stein bedeutet.

Im Granada des 12. und 13. Jahrhunderts entwickelten die Mauren die Glasurtechniken weiter – und bis heute erkennt man antike Fliesen daran, dass an drei kleinen Stellen die Glasur abgeplatzt ist. Dort waren kleine Keramikfüßchen angebracht, mit denen die einzelnen Kacheln beim Brennen voneinander getrennt wurden. Ab dem 16. Jahrhundert wurden die Kacheln in quadratischen Halterungen gebrannt, und die Glasur blieb unbeschädigt. Als „Azulejos de tapete" wurden die Kacheln wie steinerne Orientteppiche an die Wand gebracht, später war ihr Dekor vom Historismus und Jugendstil beeinflusst, und unter dem Architekten Antoni Gaudí (1852–1926) fanden sie schließlich zu neuer, moderner Blüte.

ORNAMENT UND ARABESKE

Wegen des Bilderverbots kommt das Ornament, dessen Name von dem lateinischen Wort „ornare" (schmücken, zieren, ordnen) abstammt, besonders häufig in der islamischen Baukunst vor. Dort findet man das sich wiederholende, abstrakte Muster oft auch in Form von Arabesken, kunstvollen Linien, die verschlungene Pflanzen zitieren und mit den Mauren über Andalusien nach Europa gelangten. Berühmt ist die Alhambra für ihre besonders prachtvoll mit Arabesken verzierten Säle, sie finden sich aber – in schlichterer Form – in jedem maurischen Palast.

BUCHTIPPS

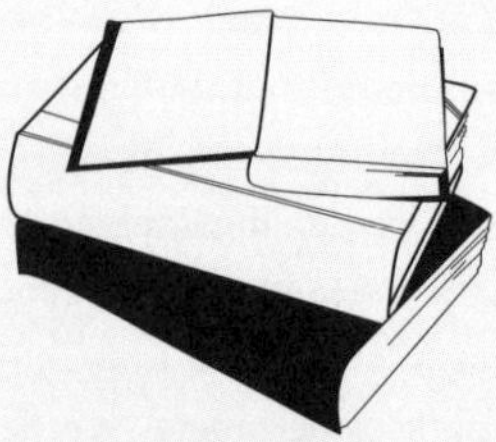

„Cabo de Gata"
von Eugen Ruge

Nach seinem großen Erfolg „In Zeiten des abnehmenden Lichts", für den Eugen Ruge 2011 den Deutschen Buchpreis erhielt, lässt er in seinem neuen Buch einen erfolglosen Schriftsteller nach Andalusien reisen. Nach dem Ende der DDR gibt dieser sein Leben in Berlin auf und folgt seinem Wunsch, das Fleckchen Erde kennenzulernen, das seit Luis Buñuels Filmklassiker „Ein andalusischer Hund" seine Fantasie beflügelt. Geschieden und pleite strandet er in der Pension einer grantigen Witwe, studiert die Landschaft, blickt auf sein Leben zurück, freundet sich mit einer Katze an – und entdeckt eine mögliche Zukunft für sich.

„Im Schatten des Granatapfelbaums"
von Tariq Ali

Der britische Schriftsteller, Journalist und Filmemacher ist ein politischer Autor. Beachtet sind seine Interviews mit Henry Kissinger während des Vietnamkriegs, er schrieb ein Drehbuch für Oliver Stone und veröffentlicht in Zeitungen wie „The Guardian" oder „Süddeutsche Zeitung" Artikel über die aktuelle politische Lage im Mittleren und Nahen Osten. Teil seines „Islam-Quintetts" ist dieser Roman, der um 1490 in Granada spielt. Im Mittelpunkt steht der muslimische Gutsbesitzer Umar, der mit seiner Familie in eine Zeit stürmischen Umbruchs gerät. Nachdem die Mauren mehrere Jahrhunderte in Andalusien herrschten, beginnen die Spanier ihr Land zurückzuerobern, und die Muslime stehen vor der Entscheidung, zum Christentum zu konvertieren oder zu flüchten.

„SPIEL MIR DAS LIED VOM TOD“: ANDALUSIEN ALS WESTERNKULISSE

Keine Frage: Steht man in der Tabernas-Wüste bei Almería, ziehen sofort Bilder von Cowboy-Filmen am inneren Auge vorbei – eine wilde Hügellandschaft, hellbeige ausgedörrtes Gras, Kalkfelsen, Schluchten, und ausgetrocknete Büsche wehen ab und zu durch die Prärie.

Kein Wunder, dass über 270 Spielfilme in der Desierto de Tabernas, Europas einziger Wüste, gedreht wurden, auf die mehr als 3000 Stunden im Jahr die Sonne herunterbrennt. Der berühmteste: Sergio Leones Western „Spiel mir das Lied vom Tod“ mit Charles Bronson und Henry Fonda in den Hauptrollen. Bis heute steht der Torbogen, an dem der Junge mit der Mundharmonika seinen Bruder auf den Schultern trägt, bis er nicht mehr kann, am Ortsrand von Fort Bravo.

Auch der Spaghetti-Western „Für ein paar Dollar mehr“ wurde in der eigentlich sehr kleinen Wüste gedreht – dem Weitwinkelobjektiv sei Dank –, „Zwei glorreiche Halunken“, Szenen aus „Lawrence von Arabien“, Pierre Brice war in „Winnetous Rückkehr“ vor Ort. Und überhaupt ist die Kulisse wandelbar. Harrison Ford hetzte für Steven Spielbergs „Indiana Jones und der letzte Kreuzzug“ durch die Landschaft, Arnold Schwarzenegger trieb als „Conan der Barbar“ ganz in der Nähe sein Unwesen – und sogar Stanley Kubrick fand für den Kult-Film „2001: Odyssee im Weltraum“ hier die perfekte Mondlandschaft.

Heute sind die Westernkulissen bei Fort Bravo in einer Art Freizeitpark zu besichtigen. Doch man muss sich gar nicht auf diese touristischen Pfade begeben, um in die aufgeladene Szenerie einzutauchen.

ANDALUSISCHE PERSÖNLICHKEIT

Federico García Lorca (1898 – 1936)

Der Jahrhundertdichter Federico García Lorca wurde gerade mal 38 Jahre alt. Zu Beginn des spanischen Bürgerkrieges nahmen ihn Handlanger des späteren Diktators Francisco Franco fest, nachdem ein ehemaliger Abgeordneter der katholischen

Rechtspartei ihn denunziert hatte, und erschossen ihn nahe Granada. Spaniens berühmtester Autor, ein Linker und Homosexueller und deshalb bei den Franco-Anhängern besonders verhasst, war mit dem Regisseur Luis Buñuel („Ein andalusischer Hund") befreundet und besonders eng mit Salvador Dalí, dem er 1926 seine „Ode an Salvador Dalí" widmete. Weltberühmt ist seine Trilogie, die mit „Bernarda Albas Haus" begann und zusammen mit „Yerma" und „Bluthochzeit" die Stellung der Frau in der ländlichen Bevölkerung zum Thema hat – und „Llanto por Ignacio Sánchez Mejías", das dem gleichnamigen Torero Mejías gewidmet ist, einem kunstsinnigen Freund Lorcas, der die Madrider Kunstszene unterstützte und bei einem Kampf mit dem Stier Granadino starb. Lorca war aber nicht nur Poet und Dramatiker, sondern auch Schauspieler, Pianist und bildender Künstler, dessen Zeichnungen sogar den Zuspruch des strengen Kritikers Dalí fanden.

Im Haus der Familie in Valderrubio, in dem Lorca zwischen 1907 und 1909 lebte und das der Familie bis 1925 als Sommersitz diente, ist heute ein kleines Museum eingerichtet, die Casa Museo Federico García Lorca.

C/Iglesia, 20,
18250 Valderrubio (Granada)
Tel: 0034 958 454466
www.museolorcavalderrubio.com
September – Juli: Dienstag – Samstag
9.00 – 14.00 Uhr

ZU GUTER LETZT: PARKEN

In den großen spanischen Städten ist es oft unumgänglich, mit dem Auto ins Parkhaus zu fahren. Die meisten von ihnen sind jedoch alt, die Fahrspuren schmal, und vor allem sind die Parklücken eng. Bedenken Sie das, wenn Sie ein Mietauto leihen und sehen Sie – schon der Umwelt zuliebe – von SUVs ab.

MEINE PERFEKTE WOCHE

Montag:

Dienstag:

Mittwoch:

Donnerstag:

Freitag:

Samstag:

Sonntag:

NOTIZEN

NOTIZEN

NOTIZEN

NOTIZEN

NOTIZEN

NOTIZEN

LUST AUF DAS WELTWEIT BESTE?

Die Buchreihen „Ein perfektes Woche in ...“ und „Eine perfekte Woche ...“ werden vom Online-Cityguide www.smart-travelling.net herausgegeben. Hier finden Sie viele weitere ungewöhnliche Adressen für über 30 Städte und Regionen weltweit. Tipps für Hotels, Restaurants, Cafés, Shops und Aktivitäten – individuell und sorgfältig recherchiert. Denn Smart Travelling zeigt nicht alles und jedes, sondern sucht nach dem Authentischen und Besonderen, nach Orten, die das Flair einer Stadt oder Region ausmachen und uns immer wieder empfangen wie ein guter Freund. Schauen Sie vorbei unter www.smart-travelling.net: Klicken Sie sich durch unseren kulinarischen Best-of-Blog, buchen Sie Ihr Hotel bequem online, und freuen Sie sich mit unseren ausgesuchten Tipps von Antwerpen über Rom bis San Francisco auf Ihre nächste Reise.

Erfahren Sie das Neueste von Smart Travelling auf Facebook. Werden Sie jetzt Fan! facebook.com/smarttravelling

☞

www.smart-travelling.net